엇박자의 마디

UNCOMMON MEASURE
by Natalie Hodges

Copyright ⓒ 2022 by Natalie Hodges
All rights reserved.

This Korean edition was published by Munhakdongne Publishing Group in 2025 by arrangement with Bellevue Literary Press c/o Kaplan/DeFiore Rights Inc. through KCC(Korea Copyright Center Inc.), Seoul.

이 책의 한국어판 저작권은 ㈜한국저작권센터(KCC)를 통해
Bellevue Literary Press c/o Kaplan/DeFiore Rights Inc.와 독점 계약한
(주)문학동네에 있습니다.
저작권법에 의해 한국 내에서 보호를 받는 저작물이므로
무단 전재 및 무단 복제를 금합니다.

엇박자의 마디
Uncommon Measure

내털리 호지스

송예슬 옮김

문학동네

일러두기

1. 본문의 각주에서 원주라고 표기하지 않은 주는 모두 옮긴이주다.
2. 원서에서 이탤릭체나 대문자로 강조한 부분은 고딕체로 표시했다.

가족에게

차례

한국 독자를 위한 서문 · 9

전주곡 · 15

훈련 지우기 · 21

여섯번째 감각: 즉흥연주에 관한 노트 · 53

대칭 붕괴 · 87

샤콘 · 123

회전하는 세계의 정지점 · 157

코다: 기억은 홀로그램이다 · 191

감사의 말 · 199
옮긴이의 말 · 205

주 · 209
자료 출처 · 215
참고 문헌 · 216

한국 독자를 위한 서문

『엇박자의 마디』를 선택해주어 감사하다. 나는 한국어를 못하기 때문에, 한국 독자들과 닿을 수 있다는 기쁨과 얼떨떨하고 감사한 마음을 전달하는 게 쉬운 일이 아니다. 이 책을 한국어로 존재하게 해준 송예슬 번역가와 문학동네에 감사드린다. 『엇박자의 마디』는 클래식 음악과 시간 지각에 관해 이야기하지만, 개인적으로는 이 책을 통해 한국계 미국인의 삶을 잘 알지 못하는 사람들에게 그 경험을 설명하고 싶은 마음이 있었다. 이 바람이 처음에는 미국에서, 이제 한국에서 이뤄졌다.

나의 외할머니 이난수와 외할아버지 전홍규는 1956년에 미국으로 왔다. 두 분은 연세대학교에서 서로를 알게 되었는데, 당시 외할머니는 졸업반에서 몇 안 되는 여학생이었다. 그 시대를 살았던 여느 사람들처럼, 두 분도 어려서부터 트라우마와 폭력을 겪었다. 외할머니는 국민학교에 다닐 때 학급 친구들과 일본군의 낙하산을 재봉하는 일에 강제 동원되었고, 집안 형제들이 군대에 잡혀가지 않게 그들을 피신시켰다. 외할아버지는 소련군이 한 남자의 숨통이 끊어질 때까지 가슴팍을 짓밟는 광경을 목격했다. 두 분은 새 삶을 꿈꾸며 미국으로 향했고, 그 덕에 외할머니는 대학원에서 교육학 공부를 이어갈 수 있었다. 이모는 뉴멕시코주 실버시티에서 그 도시 최초의 아시아계 아이로 태어났다. 외할머니와 외할아버지가 잠시 서울로 돌아가 살 때 나의 엄마가 태어났다. 이후 엄마의 가족은 다시 미국으로 돌아왔는데, 이번에 향한 곳은 콜로라도주였다. 덴버에 있는 폐 전문 병원에서 외할아버지의 폐결핵을 치료하기 위해. 두 분을 비롯해 콜로라도주에 정착한 첫 한국인 이민자들은 그 시절에 갓 세워져 지금까지 남아 있는 한인 기독교회를 중심으로 연결되었다. 외할아버지는 1976년에 돌아가셨다. 외할머니는 특수교육과 가정교육 선생님으로 일하며 두 딸을 키웠다. 일제 강점기와 제2차세계대전과 한국전쟁에서 생존한, 그리고 대륙을 가로질러 이민 생활을 겪어낸 나의 외할머니는 2013년 덴버에서 눈을 감으셨다.

    외조부모가 살아온 이야기, 심지어는 엄마가 태어난 이야기조차 늘 나에게는 어찌할 수 없이 다른 시간에 속해 있는 것처럼 느껴졌다. 덴버 남부 교외의 집에서 외할머니 손을 잡고 있을 때도,

외할머니 품에 안겨 있을 때도, 필스버리 크루아상 반죽 캔을 따는 외할머니를 바라보는 순간에도 그랬다. 이민을 오면 이전 챕터를 닫고 새 챕터를 시작하는 일에 집중해야 한다는 기대가 따라붙는다. 적어도 새로운 문화가 그러기를 요구하며 어마어마한 압박을 가한다는 것은 분명하다. 나와 동생들도 그러한 배경에서 성장했다. 그래서 한국어를 배우지 못한 것과 아직 한 번도 한국을 가보지 못한 것이 참 아쉽다(하지만 한국 문화의 많은 것을 좋아하며 더 알아가려 하고 있다. 가장 좋아하는 한국 드라마는 〈구해줘〉이고, 가장 좋아하는 한국 밴드는 '혁오'다. 또 다소 뻔한 상상이지만, 언젠가는 한강 둔치에서 반짝이는 야간의 남산타워를 보고 싶다. 물론 그동안 놓친 시간을 두고두고 후회하며). 이는 우리 가족의 문제는 아니었다. 여러모로 과거는 과거로 남겨두는 게 낫다는 생각이 미국인의 정신에 응축되어 나에게로 침전된 것이다. 하지만 그것은 애초에 불가능할 뿐 아니라 역사를 불완전하게 바라보는 시각이다. 한 개인의 역사에 관해서도 마찬가지다. 마치 과거를 구분 지을 수 있는 것처럼, 계속 흐르며 의미가 달라지는 이야기가 아니라 순간을 포착하는 스냅사진으로 환원할 수 있는 것처럼 바라보게 한다.

    나는 음악이 꼼짝없이 나를 한국인다움Koreanness과 이어준다고 느낀다. 내가 아직 악기를 연주하던 시절에 가장 행복했던 순간을 떠올려본다. 우리 가족이 흩어지기 전, 금요일 오후에 바이올린 레슨이 끝나면 여섯 가족이 다 함께 덴버 남부에 있는 한국 식당 신라에서 갈비와 물냉면을 먹곤 했다. 십 년도 넘게 내부가 한결같았던 그 식당에서 우리는 외할머니와 외할머니의 두번째 남편(에드 할아버지)을 만나 정답게 포옹을 나누고 밖이 어두워질 때까지 함께 밥을 먹었다. 그 시간이 언제나 완벽하게 행복했던 것만은 아니었다. 레슨을 망친 날은 눈물과 함께 밥을 삼켰다. 엄마와 아빠의 불화가 안 그래도 꽉 찬 테이블을 무겁게 짓누르기도 했다. 세월이 흘러 더 고요해진 마음을 따라 점점 말수가 줄어드는 외할머니를 지켜본 곳도 그 식당이었다. 하지만 현재를 뒤로하고 아주 잠시라도 과거로 돌아갈 수 있다면, 나는 우리 가족이 다 함께 밥을 먹던 그때로 가고 싶다. 이제 와 그 시절을 돌이켜보면, 시간의 정지가 정말로 가능할지도 모르겠다는 생각이 든다. 그 시간은 주기적인 친밀감과 부단한 상실, 양극 사이에서 아슬아슬하게 균형을 잡고 있다.

  이 관계를 그때의 나는 이해했을까. 지금도 완벽히 이해했는지 잘 모르겠다. 비교적 많은 수의 한국계 미국인(더 일반적으로는 아시아계 미국인)이 서양 클래식 음악을 연주하고 공부한다는 이야기를 하려는 게 아니다. 한국 문화와 클래식 음악이 공유하는 가치들로만 이 관계를 설명하는 것도 너무 단순한 해석이다. 물론 성실함과 투지와 인내를 강조하고, 철저한 자기 계발과 타인과의 조율을 요구한다는 점에서 둘은 근본적으로 여러 공통분모를 가지고 있다. 내가 음악과 우리 가족의 이야기가 유사하다고 느끼는 이유는 아마도 음악이 모든 음과 박자 속에서 영원과 소멸을 감싸안고, 그렇게 우리로 하여금 삶의 흐름에 내재한 모순에 맞서게 하기 때문이 아닐까 싶다. 영국 소설가 L. P. 하틀리는 '과거는 외국이다'라는 유명한 문장을 남겼다. 나는 그 말이 아주 정확하거나 옳다고 생각하지 않는다. 과거는 우리 곁에서, 우리와 함께 변화하고 있다. 우리는 그것을 알거나 지각하지 못할 때가 많다. 말하자면 과거는 우리가 찾아가는 장소라기보다 우리를 찾아오는, 살아 있는 유령이다. 우리가 이룬 것과 이루지 못한 모든 것이 양자 얽힘으로 연결되어 기묘한 텔레파시로 우리를 부르고 있다. 협주곡, 교향곡, 그 밖에 모든 악곡에 해당하는 진실은 역사에도 똑같이 유효하다. 둘 다 흘러가는 순간에는 전체를 이해할 수 없는 형식으로 이뤄져 있지만, 바로 그 흐름이—소실되는 매 순간이 그다음 순간으로 넘어가고, 그러다 잃어버린 줄 알았던 악구와 모티브 조각이 되살아나면서—결국에는 완전함과 갖춰진 형식에 이른다. 우리가 깨닫든 깨닫지 못하든, 모든 것이 주제이고 변주다. 가끔은 둘이 아주 뒤섞이고 밀착해 무엇이 새로운 것이고 무엇이 회귀한 것인지 분간할 수 없다.

  이 책을 선택해주어서, 여러분의 시간을 내게 내주어서 다시 한번 감사하다. 부디 재미있게 읽어주기를.

내털리 호지스

전주곡

과거를 바꾸고 싶으면 과거에 일어난 일을 기록해보기만 하면 된다.

2015년, 호주의 물리학자들이 레이저 광선을 십자로 교차해 만든 작은 슬릿들에다가 헬륨 원자를 연속해 쏘았다.* 관찰하니 놀라운 일이 벌어졌다. 구체적인 질량과 전하를 지닌 각각의 개별적 원자들이 빛이나 소리의 파동처럼 하나가 아니라 두 개의 평행 슬릿을 동시에 통과했다. 달리 말해 그 원자들은 동시에 여

---

* A. G. 매닝 외, 「단일 원자로 진행한 휠러의 지연된 선택 사고실험(Wheeler's Delayed-Choice Gedanken Experiment with a Single Atom)」, 〈Nature Physics〉 제11권, 제7호 (2015년 7월): 539~542. www.nature.com, doi:10.1038/nphys3343. —(원주)

러 곳에 존재했다. 뉴턴의 법칙과 고전적 직관을 보란듯 거스르며. 그런데 물리학자들이 파동 같은 원자의 궤적을 교란하지 않고 측정하려고 슬릿 반대편에 간섭계를 놓자 더욱 기묘한 일이 벌어졌다. 각 원자는 으레 예상되는 대로 단 하나의 슬릿만을 통과했고, 파동 같은 행위는 일절 보이지 않았다. 마치 원자들이 슬릿을 빠져나가는 즉시 자신들이 기록되리란 것을 미리 알고 있는 것처럼. 연구진 중 한 사람의 말을 빌리자면 "미래의 사건", 즉 관찰한 것을 기록하는 행위가 "〔원자로 하여금〕 자신의 과거를 결정하게 한다".[1]

이에 관한 하나의 가설은 파동이 특정한 순간에 입자가 존재할 수 있는 위치의 다중성을 나타내며, 그 입자는 특정한 순간에 존재할 수 있는 모든 위치를 동시에 점한다는 것이다. 그런데 어쨰서인지 기록하는 행위는 원자가 하나의 궤적에만 고정되게끔 한다.

이 현상은 여전히 철학자들에게 근본적인 난제이지만, 인간과 문학의 관점에서는 직관적으로 이해가 가는 진실인 듯하다. 시간 순서대로 책을 쓰다보면 과거를 달리 읽게 된다. 일어난 사건 자체가 달라지지는 않겠으나 적어도 그에 대한 의미와 그 일이 어떻게, 왜 일어났는지에 대한 인식이 바뀐다. 한 번의 삶을 구성하는 이야기들은 끊임없이 뒤섞이고 합쳐진다. 그러는 동안 우리 안에 잠재된 의식은 기억의 여백에다 시간을 거듭 고쳐 쓰며 연대표에서 서사를, 시간의 혼돈 속에서 질서를 끄집어낸다. 기록하고, 쓰고, 기억하는 행위를 통해 우리는 특정한 궤적에다 이야기들을 풀어넣는다. 어쩌면 그것이 선택하지 않은 과거의 무한한 궤적들을 인간의 유한한 관점으로 받아들이는 방식인지도 모른다. 글쓰기는 우리의 시간 감각을 왜곡하는 동시에 시간 속에서 방향을 잡아주고, 시간에 의미를 부여한다.

  나는 음악, 그리고 음악이 시간의 과학과 맺는 관계를 탐구하는 책을 쓰기 시작했다. 음악은 리듬과 화성, 선율과 형식의 패턴으로 시간의 흐름에 대한 감각을 형성한다는 점에서, 그 자체로 시간을 체현한다. 오케스트라가 지휘봉의 움직임에 맞춰 일제히 몰아치고 잦아드는 것을 볼 때마다, 혹은 차로 장거리를 이동할 때 플레이리스트를 얼마만큼 재생했는지로 주행 거리를 가늠할 때마다, 음악 소리에 춤을 추고 싶어질 때마다, 춤을 추기 시작한 순간 자연스럽게 몸으로 리듬을 타게 되고 언제 어떻게 다음 박자가 이어질지 자신 있게 알아챌 때마다 우리는 음악이 체현하는 시간을 느낀다. 체현된 시간을 인간이 선천적으로 감각하는 데는 틀림없이 과학적인 이유가 있다고 본다. 음악에 대한 우리의 직관을 완벽히 수치화할 수는 없을지라도, 물리학과 생물학에서 그것의 근거를 찾아내는 방법은 분명 존재할 것이다.

  그러나 내가 음악에 관해 글을 쓰고 싶었던 것은 내 인생의 시간을 형성한 게 다름 아닌 음악이기도 해서다. 나는 솔리스트가 되겠다는 일념으로 이십 년 가까이 바이올린을 연주했고, 거의 하루도 빠짐없이 날마다 다섯 시간에서 여섯 시간을 연습했다. 그러다 이십대 초반이 되었을 때 내가 한 번도 솔리스트였던 적이 없으며 앞으로도 절대 그럴 리 없다는 현실을 깨달았고, 왜 이렇게나 많은 시간을 음악에 바쳤는지 회의감에 빠졌다. 한동안 바이올린을 관뒀다가 다시 손에 잡았을 때는 예전과 같은 열정이나 야심이 느껴지지 않았다. 대신에 내가 어마어마한 실패를 했으며 헛된 투쟁을 치렀고 시간을 허비했다는 의식에 시달렸다. 과거의 노력과 희생이 모조리 무의미해졌을 뿐 아니라, 그 과거에서부터 계획해놓았던 미래도 삭제되어버렸다.

하지만 이 책을 쓸 때의 나는 과거에서 달아날 수 없음을, 태고의 북소리에 맞춰 추는 춤에서 벗어날 수 없음을 깨달은 상태다. 음악은 시간관념, 가족관계, 자아에 대한 감각까지, 현재에 존재하는 지금의 나를 이루는 모든 것을 조율했다. 음악에 관해 글을 쓰면서 내가 얼마나 바이올린을 사랑하는가를 새삼 느끼기도 했다. 진짜 모든 게 끝났다면, 더이상의 연주는 없고 정말 남은 것은 침묵뿐이라면, 왜 과거는 자꾸만 주제 선율로, 가슴 아픈 변주로 되돌아와 기억과 재해석의 여지를 주는 것일까? 양자물리학자 카를로 로벨리가 2017년 저서 『시간은 흐르지 않는다』에서 한 말을 생각해본다. "결국 시간의 미스터리는 우주보다 우리와 더 관련이 있는 것 같다"[2]라는 말을. 우리가 바라는 것은 시간으로부터의 자유. 그게 아니라면 적어도 원하는 대로 시간을 형성하고, 현존하는 미래의 관점에서 과거의 의미를 바꿀 수 있는 자유가 아닐까. 나는 과거에 품었던 야심이나 욕망을 되찾지 못할 것이다. 그러나 이제는 내가 바란다고 생각했던 것들에 크게 얽매이지 않는, 과거와 다르고 좀더 확장적인 방식으로 음악을 사랑하는 법을 배우려 한다.

    과거를 바꾸고 싶으면, 아마도, 과거를 써내려가기만 하면 된다.

훈련 지우기

그러나 도시의 모든 시계는 윙윙대며 시간을 알리기 시작했다.
"오, 시간에 속지 말기를, 시간을 정복할 수는 없으니."
―W. H. 오든, 「저녁산책」

무대 위 나의 실패들은 다음과 같은 양상으로 전개되었다. 공연을 며칠, 심지어 몇 주 앞두고부터 나는 내가 망칠 게 뻔한 악보 위 어느 지점에 집착하게 된다. 그건 뭐든지 될 수 있었다. 대기권을 뚫을 만큼 높은 E현(가장 높은 음을 내는 바이올린 현)으로 도약하는 것일 수도, 속사포 같은 십육분음표 악절을 연주해내는 것일 수도, 손가락을 한껏 비틀어 한 번에 두 현을 연주하는 중음重音을 성공시키는 것일 수도 있다. (세 현을 연주해야 하는 삼중음은 훨씬 험난하다.) 심지어 기술적으로 어렵지 않으나 내가 음악적으로 심혈을 기울인 핵심 선율, 혹은 제대로 소리를 빚으려 공들인 놀라운 화성 변화를 망치기도 했는데, 그런 건 최악의 실패이자 가장 견디기 힘든 훼손이었다. 그게 무엇인지는 하나도 중요하지 않았다. 일단 내 마음이 어느 악절에 사형 집행*을 선고하고 나면, 혹은 나의 실패에게 그 악절을 처단하라고 명하고 나면 그 곡의 그 지점은 끝장이 났다. 내가 언제 어느 지점에서 참담한 실수를 저지르리라는 것, 이것이 공연할 때 내가 유일하게 확신할 수 있는 부분이었다. 나는 그 곡의 그 지점에 이르기 전까지 실수를 기다렸고, 이후로는 실수한 나를 저주했다.

이러한 집착은 잠재의식에서 일종의 부적처럼 기능했으나 참으로 고약했다. 최선을 다해 집중하되 곡의 전체 완성도를 위해 그 지점을 희생한다고 치면 실수를 무사히 넘기고 남은 공연을 잘 끝마쳤을 수도 있다. 하지만 어디 내놔도 부끄럽지 않은, 아니 무척 준수한 수준의 공연도, 내 마음이 끝내 넘어서지 못하는 듯한 한두 군데 때문에 몽땅 더럽혀지는 것 같았다. 연주할 능력이 부족해서도, 연습을 덜 해서도 아니었다. 나는 명쾌히 이해할 수 없는 무의식적인 방식으로 기어코 그 지점을 망쳐야만 했다.

망친 공연들은 내 자존감을 짓밟았고, 무엇보다 시간에 대한

---

* 사형 집행을 뜻하는 단어 'execution'은 어려운 기교 따위를 해내는 연주 솜씨를 일컫기도 한다.

감각을 망가뜨렸다. 악곡은 저마다의 시간을 지녔으며, 음악가는 그 곡을 연주하기 위해 곡의 시간 안으로 들어가야 한다. 박자표와 박을 따라가야 하는 것은 물론, 음악 내부에서 시간의 흐름을 느낌으로 알아야 한다. 두 곡이 똑같이 사분의사 박자[1]로 쓰였어도 박의 세분, 템포의 굴곡, 무엇보다 음악의 성격에 따라 시간성은 전혀 다를 수 있다. 시간이 한 곡에서는 느리게 펼쳐지지만, 다른 곡에서는 질주하듯 달릴 수 있는 것이다. 어느 곡을 연주하든지 그 곡의 시간에 몰입해야 한다. 그런데 나는 긴장하면 그러질 못했다. 자꾸 시간이 멈출 것만 같았다. 예정된 불운의 장소로 돌진할 때면 머릿속 시간이 너무 빠르게 흘러 나는 따라가기 급급했고, 그러다 바로 거기서 활과 현들이 요란하게 삑 하고 걸려 멈췄다. 연주를 중단해야 했다는 게 아니라, 흐르던 소리의 파동이 별안간 넘어설 수 없이 거대한 댐에 부딪친 것처럼 머릿속 흐름이 흐트러졌다는 소리다. 이후로는 모든 걸 의식하게 되었다. 내가 얼마나 처참히 곡을 망쳤는지, 사람들이 얼마나 어색하고 민망해하는지, 남들이 나를 어떻게 생각하고 있는지 눈치를 보느라 음악의 시간으로 되돌아가지 못했다.

고등학교 졸업반 봄학기, 선생님과 함께한 마지막 학기의 마지

막 스튜디오 클래스에서 내가 연주한 곡은 '작은 종'이라는 의미의 〈라 캄파넬라〉였다. 손가락 하나로 현을 누른 상태에서 다른 손가락을 같은 현에 가볍게 갖다댈 때 만들어지는 낭랑한 금속성 음색, 종소리처럼 울리는 높은 음조의 하모닉스가 곡의 주제 모티프를 이루고 있어서 이런 제목이 붙었다. 곡을 쓴 니콜로 파가니니는 음악 사학자들 사이에서 최초의 진정한 바이올린 비르투오소*로 평가받는다. 이미 1840년에 세상을 떠난 사람이지만, 나는 바이올린으로 뭐든 연주할 수 있었던 듯한 파가니니가 지금도 원망스럽다. 그의 연주를 감상하는 여자들이 관객석에서 졸도했다는 역사 기록이 없다 하더라도, 자기 곡을 연주할 때 그는 누가 뭐래도 주인공이었을 것이다. 오늘날 그의 곡은 바이올린 선생들이 고통에 허덕이는 학생들에게 매주 부과하는 '연습곡'의 형태로 전해내려오고 있다. 평균 크기의 손을 지닌 사람에게 파가니니 곡들은 대부분이 연주 불가능의 영역에 걸쳐 있다. (오늘날 알려진 바로 파가니니는 마르판증후군을 앓았다고 추정된다. 결합조직이 늘어나 팔과 손가락이 지나치게 길어지는 유전병이다.) 압박받는 상황에서 파가니니 곡을 연주한다는 것은 히치콕의 영화 〈사이코〉 속 앙칼진 비명이 울려퍼지는 샤워 장면을 떠올리게 한다. 비명을 지르는 재닛 리는 나의 자아이고, 칼을 휘두르는 실

---

* virtuoso. 기교적으로 최고의 경지에 오른 탁월한 연주자를 뜻한다.

루엣은 파가니니라는 유령이다.

  나는 스튜디오 클래스를 몇 주 앞두고부터 나머지 연습 루틴도 제치고 하루에 몇 시간씩 〈라 캄파넬라〉에 매달렸다. 음들이 번개와 같은 속도로 번쩍이는 이 곡의 하모닉스는 실로 사악하다. 손가락을 정확한 위치에 올려놓지 않으면 음이 소리를 내지 않는다. 최악은 마지막에 나오는 반음계와 아르페지오 악절이다. 곡은 속도를 높여 뭉개지다가 자정을 알리는 종소리처럼 마지막 화음을 울리고 끝난다. 나는 최선을 다해 준비했고, 공연할 즈음에는 제법 준수하게 연주할 수 있었다. 졸도하는 관객은 없을 테지만, 어쨌거나 나는 해낼 수 있었다. 물론, 마지막 악절만 빼면. 집에서는 해낼 수 있었으나 압박받는 공연에서는 곡이 삐걱대리란 것을, 내가 삐걱대리란 것을 나는 알았다. 스튜디오 클래스에서 하는 공연일 뿐이었다. 관객이라고는 심드렁한 학생들, 다정하지만 약간 경쟁을 의식하는 학부모들, 그리고 마우러 선생님이 다였다. 그런데도 나는 무대로 걸어나가면서 목구멍에 치미는 녹색 구역질의 시큼한 맛을 느꼈다.

  작은 종이라는 주제를 소개하는 곡의 전반부까지는 괜찮았다. 각종 타구 망치로 점점 더 세게 종을 치듯, 파가니니에 의해 작은 종이 가차없이 변주와 발전을 이어가는 전개부도 마찬가지였다. 〈라 캄파넬라〉는 "구간 사이마다 주요 주제가 반복되다가 곡을 끝맺기 위해 다시 나타나는"[2] 론도 형식으로 쓰였다. 론도곡은 선형적인 동시에 원형적으로 시간을 통과하는 마법 같은 효과를 일으킨다. 주제에서 주제로 나아가며 전개부를 진행하다가도 자꾸만 듣는 이를 데리고 음악의 시작 지점으로 되돌아간다. 예측할 수 있는 회귀의 패턴, 이 계속되는 원형의 순환이 동시에 선형적인 시간 전개를 구성한다. 따라서 변했으나 변치 않은 효과를 낳는다. 시작 지점으로 되돌아왔을 때 음악은 낯설고도 낯익은 모습으로 변모해 있다. 전개부가 끝날 때마다 주제는 달라진 것 없이 그대로 되돌아와 시계 종소리처럼 높고 맑고 또렷하게 울려퍼지며 자신의 회귀로 시간을 나타낸다.

공연은 순탄히 진행되었다. 믿기 힘들 정도였다. 연습할 때 나는 주제가 되돌아오는 횟수를 세어가며 연주했다. 그렇게 해야 곡을 끝까지 끌고 가면서도 흐름을 놓치거나 지치는 일이 없었다. 주제를 세 번만 더 반복하면 끝이야. 이제 두 번, 이제 한 번. 그렇게 무대에서도 주제가 되돌아오는 횟수를 세었는데, 이상한 일이 벌어졌다. 마치 내가 음악의 시간 안으로 들어간 듯한 느낌이 들었다. 다른 말로는 표현할 수 없다. 부품들이 마디당 여섯 개의 팔분음표를 알레그레토 그라치오소*로 연주하는 괘종시계 한가운데에 들어선 듯한 느낌. 주제가 되돌아오면 어김없이 종이 울렸고, 그 중간에 놓인 시간은 발전과 변주를 거듭하며 빠르게 펼

---

* allegretto grazioso. '조금 빠르게, 그러나 우아하게'를 뜻하는 음악 용어.

쳐졌다. 나는 되돌아오는 주제를 하나씩 세어가면서 하나의 구간이 어떻게 그다음을 낳는지, 어떻게 앞뒤로 서로를 풍성하게 만드는지, 또 어떻게 늘 같은 주제로 되돌아와 원형圓形의 시간, 구체球體의 소리를 형성하는지 느꼈다. 악절의 매 변주는 뒤이어 나오는 주제의 느낌을 바꾸었다. 앞선 변주에 대한 기억이 뒤잇는 주제의 느낌에 굴절을 가했다. 그래서 주제는 매번 현재에 나타나면서도 여전히 유령 같은 과거의 종소리로 메아리쳤다.

그러다 내가 곡을 망치게 되리라는 사실이 퍼뜩 떠올랐다. 심장이 쿵 내려앉았다. 혹시 선생님도 알고 있을까. 선생님은 레슨 때 내가 마지막 부분을 망치는 것을 숱하게 들었는데. 지금 이건 나의 마지막 도전이자 선생님이 내 연주를 듣는 마지막 자리이며, 내 실력을 선생님에게 증명할 마지막 기회라는 사실이 더없이 의식되었다. 관객석을 힐끔 살폈다. 마우러 선생님은 언제나 그렇듯 앞줄 구석에 앉아 있었다. 카디건 위에 양손을 포갠 채, 무표정한 얼굴로.

선생님을 보자 오래되고 익숙한 공포심이 작동하며 머릿속에서 경보음이 울리기 시작했다. 잔잔히 흐르던 시간이 얼어붙었다. 손이 마비되었다. 모든 게 슬로모션처럼, 그러나 내가 따라잡기에는 너무 순식간에 벌어졌다. 지판에서 부드럽게 움직여야 할 왼손이 버벅댔다. 곤란한 일이었는데, 반음계와 아르페지오 악절은 원래의 템포에서 속도를 올리기 시작해 마지막 소절에 가서는 마디당 대략 세 번씩 변화하기 때문이었다. 오른손에 더이상 활을 쥘 힘이 들어가지 않는 탓에 활이 자꾸만 고꾸라지려 했다. 나는 활을 떨어뜨리지 않으려고 손가락이 하얗게 질리도록 힘을 주어 버텼다. 하지만 결국, 그 일이 일어나고 말았다. 마지막 화음 직전에 활을 떨어뜨린 것이다. 어쩔 수 없이 손으로 현을 잡아 뜯으며 화음을 연주해야 했다. 아마 세상에서 가장 불운하며 예정에 없던 피치카토 주법이었을 것이다.

지금 생각하면 (거의) 희극적인 장면이지만, 여전히 그때 그 일을 곱씹으며 분석하려고 하면 시간이 멈춘 순간의 느낌, 그 메스껍고 강렬한 기억이 나를 괴롭힌다. 음악 내부에서는 그토록 유연하게 흐르던 시간 감각이 어째서 관객의 기대어린 시선에(혹은 그 시선과 기대를 의식하는 순간에) 얼어붙어 갈라지고 마는 것일까? 왜 음악의 흐름에 들어가기 위해서는 스스로를 음악의 시간에 내던져 자신을 관통하고 감싸는 흐름을 느껴야 하는 걸까? 시간은 연주자를 몰아붙이는 적이기도 해서 어떻게든 끝까지 연주해내되 음악이 지속되는 매 순간 의미를 부여하기 위해 부단히 애써야 하는데도 말이다.

음악의 흐름에 섞이지 못하고 긴장감에 패배해 자의식이라는 뭍으로 끌려나오고 나면, 까다로운 악절을 기어코 망치게 된다. 혹은 허무한 피치카토로 마지막 화음을 연주한 뒤 고개를 푹 숙이고 황급히 무대에서 내려가는 수밖에 없다. 무언가 잘못되리라고 날마다 두려워한들, 나의 망한 파가니니 연주와 같은 공연은 절대 미리 대비할 수가 없다. 흐름이 뚝 멈추고, 음악의 구조는 찢겨나간다. 복부를 한 대 맞은 듯 음악의 시간에서 나가떨어져 다시 자신의 시간으로 되돌아온다. 그러고 나면 초와 분이 흐르는 것이 느껴진다. 선형으로만 펼쳐진 시간을 터덜터덜 지나며, 그저 이 모든 게 끝나기를, 무사히 마칠 수 있기를 바랄 뿐이다.

음악은 시간을 조형한다. 나아가 음악은 청각적 시간의 사건들을 층층이 배열한 시간의 **구조화**라고 할 수 있다. 음계마다 그 배열의 중심에 있는 리듬은[3] 반복적인 소리나 움직임의 순환이자 패턴이며, 그 반복이 만들어내는 '측정된 흐름'[4]이다. 박은 가장 기본적인 리듬으로, 규칙적인 간격으로 발생하는 박동이 템포를 만들고 음악적 시간을 나타낸다. 음악에서 박은 고정된 것이 아니어서, 음악적 순간의 성격과 연주자의 기분 또는 바람에 따라 더 작은 음정들로 쪼개어질 수도(아첼레란도[*]), 더 길게 늘어날 수도(데첼레란도[**]) 있다. 그러나 주기적이고 예측 가능하며 계속된다는 점은 변함이 없다. 알고 보면 음높이라는 것도 음파

---

[*] accelerando. '점점 빠르게'를 뜻하는 음악 용어.
[**] decelerando. '점점 느리게'를 뜻하는 음악 용어.

의 진동 속도를 의미하므로, 우리가 듣는 음은 사실 리듬이 나누는 시간, 초당 x번 주기의 박으로 울리는 작디작은 심장의 소리인 셈이다.

그러나 모든 악곡에는 더 높은 차원의 시간 구조도 작동한다. 반복은 패턴을, 패턴은 각 음계의 형식을 낳아, 결국은 음악적 형식이 그 자체로 하나의 커다란 리듬이 되고, 청자가 시간을 관통하며 지나는 교대alternations의 패턴을 이룬다. 예를 들어 기본적인 화음 진행은 으뜸음(조표상 첫번째 음)에서 버금딸림음(네번째 음)으로, 그다음 딸림음(다섯번째 음) 순으로 이어지다가, 이 절정의 선행음에서부터 다시 으뜸음으로 되돌아가 또다른 진행을 시작한다. 이와 유사하게 론도에서는 변주부와 전개부가 원 주제를 중심으로 춤을 추다가 원 주제의 회귀로 A-B-A-C-A라는 원형의 패턴을 완성한다. 형식적이고 화성적인 이러한 패턴들은 시간 속에서 구성요소들을 연결 짓는다. 청자는 먼저 나온 화성의 셈여림과 비교해 뒤에 나올 화성을 짐작할 수도, 언제쯤 전개부나 변주부 끝에 종지cadence가 쌓아올려져 주제의 소재가 되돌아올지를 가늠할 수도 있다. 이렇게 높은 차원의 리듬을 통해 단순한 악구 혹은 복잡한 형식이 시간의 대상이 된다. 이때 시간은 감정을 조종하기 위해 빚어져 현재를 변화시키지만, 도리어 청자는 과거로 되돌아가 낯익으면서도 전혀 낯선 순간에 놓인다.

지금 나는 서양의 조성調性 이론을 배운 음악가로서 말하고 있다는 점을 짚고 넘어가야겠다. 다른 음악 전통의 근간을 형성하는 규칙들이나 잘 알려진 조성 및 형식 진행에 관해서는 감히 안다고 말할 수 없다. 여러 문화가 고유한 조성을 갖추고 있으며, 각 문화의 조성마다 음악 안에서 음악에 의해 기대감이 고조되고 뒤집히는 방식이 다르다. 가령 인도의 고전 조현법은 서양식 십이음계에 존재하지 않는 미분음을 사용한다. 그러나 패턴은 엄연히 패턴이다. 문화를 막론하고 음악은 따르고 거역할 고유한 규칙들을 갖추었으며, 청각적 시간이라는 태피스트리를 누비는 동시에 찢는다. 일상의 경험이 그러하듯 음악의 시간성에 대한 경험 역시 반복과 곧 뒤따르는 위반의 패턴으로 이뤄진다.

음악적 시간은 일상적 시간의 평범한 흐름 안에 존재하지만 엄연히 다르다. 적어도 확실한 것은 시간이 우리의 의식적 지각에 따라 얼마나 달라지는지를, 또 그 반대의 경우도 얼마나 진실인지를 음악적 시간이 선명히 나타낸다는 것이다. 실은 일상적 시간도 마찬가지가 아닌가 싶다. 신나게 놀 때 시간은 빨리 지나가고, 초조하게 기다릴 때는 좀처럼 흐르지 않는다. 그런데 음악은 유연한 시간을 구부려 음향의 형태로 빚어낸다. 음악적 시간은 단순한 박의 흐름이 아니다. 한 시간의 길이를 인식하는 것이 실제 육십 분의 흐름이 아니라 그 안에서 우리에게 일어나는 일들로 결정되듯 말이다. (무엇이 진짜 시간의 길이일까?) 기간은 시간이 아니다. 그것은 전적으로 우리의 인식에 의존하는 전혀 다른 무언가다. 파가니니 곡의 전반부까지만 해도 시간은 거의 느껴지지 않았다. 그만큼 나는 음악이 어디로 흐를지 안다고 자신했다…… 그러다 활이 떨어지는 것을 본 찰나의 순간, 그 안에서 영겁이 펼쳐졌다. 시간은 리듬으로 매만져지고, 화성의 셈여림으로 채색되고, 인간의 감정에 이끌려 떠오르거나 가라앉으면서 음악으로 조형되고 나면, 바꾸기 쉽게 말랑말랑해져서 확장하거나 수축할 수 있게 된다. 이렇게 늘리고 압축하는 상호작용을 일컫는 용어가 있다. 루바토*, 문자 그대로 옮기면 '시간을 도둑맞다'라는 뜻이다. 우리가 시간을 인식하는 가단성可鍛性이 결국 음악의 내용물을 이룬다. 초가 분이 되고 오늘이 내일이 되듯 우리가 일반적으로 시간을 개념화할 때 사용하는 경과passage**라는 개념은, 무언가에서 떨어져나와 다른 무언가로 향하는 움직임을 내포한다. 한편 음악에서 시간과 소리는 떼어놓을 수 없다. 악곡은 다층적인 존재물, 시간이라는 점토로 빚어진 피조물이다.

음악적 시간의 순간들은 다음 박이 언제 나올지, 다음 화음이 무엇일지를 신통하게 알아채는 우리의 감각에 의해 머릿속에서 서로 연결된다. 이 감각은 정확히 무엇일까? 알고 보면 이를 가리키는 단어가 존재하며, 뒷받침하는 신경학 연구도 있다. 동조entrainment란 "청자가 몸을 움직이고 연주자가 동작을 조정하는 데

---

* rubato. 박자에 얽매이지 않고 자유롭게 연주하는 것을 말한다.

** 'passage'에는 곡의 악절이라는 뜻도 있다.

쓰이는, 주기적으로 지각되는 박동"[5], 즉 박과 신체 움직임을 동기화하는 능력을 말한다. 터프츠대학교에서 음악 인지 능력을 연구하는 학자이자 2018년부터 2019년까지 하버드대학교 래드클리프 고등연구소 연구원이었던 아니루드 D. 파텔은 뇌의 기대 능력이 동조의 핵심이라고 본다. 파텔에 따르면 캘리포니아 바다사자와 아시아코끼리, 그 밖에 앵무새 몇 종도 박에 동조할 줄 안다. 하지만 박에 동조하는 데 그치지 않고 그걸 가지고서 자장가, 승전가, 멋들어진 재즈 리듬을 만들 줄 아는 인간의 두뇌야말로 그가 보기에는 가장 흥미롭고 중요하다. 파텔은 이렇게 말한다. "인간의 모든 문화는 음악적 리듬에 대한 인식을 조직하고 음악에 동기화된 움직임의 틀로 기능하는, 주기적으로 지각되는 박동, 즉 박을 갖춘 형태의 음악을 지녔다." 달리 표현하자면, 인간은 박을 들을 뿐 아니라 느끼면서 몸속에 내면화하고 몸으로 그 시간을 표현한다. 동물은 원숭이라 할지라도 메트로놈에 박자를 맞추는 것을 익히는 데 애를 먹지만, "인간은 음악 훈련을 받지 않았어도 그런 일을 거뜬히 해낸다".[6]

파텔은 인간 동조에 관해 연구한 내용을 종합해 박 지각beat perception 이론인 '청각적 예측을 위한 행동 자극Action Stimulation for Auditory Prediction', 일명 ASAP를 만들었다. 2018년 10월의 어느 화창한 오후, 래드클리프 연구소에서 내가 만난 파텔은 상냥한 저음의 목소리에 인상이 선한 사람이었다. 그는 나에게 자기 이론의 핵심 명제를 설명해주었다. 움직임은 그 자체로 박 지각과 불가분의 관계일 뿐 아니라 동조에 "인과적으로 작용한다"라고 했다. 인간의 두뇌에는 청각을 담당하는 영역과 운동 계획을 담당하는 영역 사이를 매우 능률적으로 오가는 경로가 존재한다. 이를 배측 청각 흐름dorsal auditory stream이라고 부른다. 이 순환을 통해 두뇌는 다음 박이 언제 나올지를 예측하고, 그에 호응해 몸을 어떻게 움직일지 조정한다. 그렇게 활을 놀리고, 손가락을 떨고, 고개를 까닥이고, 발을 구르게 된다. 두뇌의 측두엽에서 양 반구 중앙 가까이에 자리한 청각피질은 박을 반복적으로 인지하는 순간, 운동 계획을 담당하는 피질에다 활동 전위, 즉 신경 신호의 흐름을 계속 내보내면서 박들의 간격이 얼마나 되는가를 전달한다. 이 최초의 예비 신호들이 수신되고 나면 이번에는 운동피질이 전기자극을 내보내 청각 영역이 다음 박을 예측하는 감각을 정교히 가다듬을 수 있다. 이런 식으로 활동 전위의 이동 고리가 생성된다. 즉 우리의 박자 감각이 운동 협응 능력에 영향을 미치듯, 운동 협응성 또한 박자를 맞추는 능력에 영향을 미친다. 리듬이 움직임을 낳고, 움직임은 리듬이 된다.

그러므로 스스로를 특정한 박과 동기화하고 그것을 신체적으로 표현하는 동조를 통해, 연주자와 청자가 모두 음악적 시간의 흐름 안에 머물 수 있다. 동조는 물리적인 박에 대한 지각은 물론 그보다 더 높고 형이상학적인 차원에도 작용한다. 연주자가 고려

하고 청자가 반응해야 하는 것은 다음에 올 박뿐만이 아니다. 두 사람은 악구의 구조를 이루는 높은 차원의 리듬과 곡의 형식과도 이어져야 한다. 주제를 구성하는 화성의 패턴은 무엇인가? 주제가 완전한 울림으로, 혹은 전개부에서 과거의 유령같이 희미한 조각으로 다시 등장하는 지점은 어디쯤인가? 음악은 모든 시간의 층위에서 우리가 동조를 통해 불안과 지루함, 생각과 행동 사이를 오가는 일상적 시간의 평범한 리듬에서 탈피하고, 그로써 우리 자신에게서도 벗어나게끔 한다.

조성과 구조의 전통에 어느 정도 충실한 작품이라면, 처음 듣더라도 그 곡의 초월적 리듬에 어렵지 않게 빠져든다. (이전에 들어본 적이 없는 대중가요더라도 후렴이 언제쯤 나올지 본능적으로 아는 것처럼.) 그런데 연주자에게는 그보다 더 포괄적인 예측 능력이 요구된다. 그 능력을 갖추려면 악보의 모든 요소를 깊이 이해하고 있어야 하며, 치열하고 끈질기게 연습하는 수밖에 없다. 하지만 내가 경험한 바로는 그마저도 무대 위에서 겁에 질려 맥박이 빨라지기 시작하는 순간 산산이 흩어질 수 있다. 다음에 무엇이 올지를 알고, 더 중요하게는 그 앎을 의심하지 않아야 마음놓고 몰입해 음악을 전달하고 박자를 따라가는 것에 열중할 수 있으며, 흡사 저절로 우러나온 듯이 곡을 표현해낼 수가 있다. 그러나 얼마나 열심히 준비했는지와 상관없이 곡을 망치고 말리라는 기이하고 병적인 확신에 집착하게 되는 순간, 시간 속에 존재한다는 감각은 사라진다. 그 두려움이 모든 것을 짓누르고, 곡의 나머지 부분에서 실수를 만회할 가능성조차 사라진다. 긴장할 때면 활에 이 킬로그램이 넘는 추가 더해지는 기분이 들었다. 왼손이 뻣뻣해지면서 바이올린의 목을 조르기라도 하려는 듯 지판을 힘주어 붙든다. 매 순간이 버겁다. 두 마디를 깜빡할까봐, 또는 전개부의 빠른 악절에서 손가락이 엉킬까봐 공황에 빠진 상태에서 음악의 순간을 만드는 일에 오롯이 집중할 수 없는 것은 당연하다. 흐름은 멈추었건만, 어찌된 일인지 악구는 나를 지나쳐간다. 집에서 연습할 때처럼 악보 위 소절들이 서로 의지하며 스스로 곡을 이끌어가는 일도 일어나지 않는다. 나는 시간을 빼앗을 수도, 되돌려줄 수도 없다. 템포에 맞춰 연주하기는 하지만 시간의 흐름 속에서 음악을 느끼지는 못한다.

나는 긴장과 동조, 시간성 사이의 기묘한 관계가 "운동 시스템이 박을 지각하는 데 인과적으로 작용한다"라고 주장하는 파텔의 ASAP 이론에서 증거를 찾을 수 있지는 않을지 궁금해졌다. 무대 공포증은 운동 계획을 담당하는 두뇌 영역에 지대한 영향을 미치는데, ASAP 이론에 의하면 해당 피질은 박에 호응하는 신체 반응을 조정하는 곳이기도 하다. 인지 행동 과학자 미치코 요시에는 2015년 〈네이처〉에 발표한 연구에서 피실험자들이 관객 앞에서 소근육을 사용해 어렵지 않은 일을 해 보이도록 요구받았을 때 두뇌의 운동 조절 영역에서 발생하는 "국소적인 활동 감소량"[7]을 측정했다. 운동 시스템이 동조의 원인이고 무대공포증이 운동 시스템을 방해하는 것이라면, 무대공포증이 동조 또한 저해하는 게 아닐까? 파텔은 그럴 수 있다고 말한다.[8] "구체적으로 말해 ASAP 이론에 따르면 운동 계획 영역의 활동이 정상적으로 이뤄지지 못할 경우 박을 지각하는 능력에도 차질이 생기리라 예상할 수 있다."[9] 그리고 무대공포증이 영향을 미치는 부위가 바로 이 두뇌의 운동 계획 영역이다. 요시에는 또다른 연구를 통해 사람들 앞에서 공연하는 상황이 피아니스트에게 미치는 영향을 측정했는데, "관객의 존재를 의식한 나머지 팔과 어깨에 계속해서 낮은 강도의 근육 긴장이 가해졌고, 〔그 결과〕건반을 누르는 힘이 세져 음악 공연의 강약과 시간적 유려함을 섬세히 제어할 수 없었다".[10] 즉 공연자가 긴장하면 공연자 자신과 청자 모두 시간 속에서 자연스럽게 흐르는 듯한 음악을 제대로 느낄 수 없다.

"계속해서 낮은 강도의 근육 긴장이" 가해진다는 표현은 적절하다. 활을 움직이고 음을 짚는 등의 기본적인 동작에는 문제가 없을지 몰라도 연주의 뉘앙스, "시간적 유려함", 저절로 우러나온 듯한 표현력은 대부분 사라지고 만다. 한번은 제1바이올린 파트가 어렵기로 악명 높은 베토벤 현악 사중주 공연을 앞두고 무대 뒤에서 떨고 있을 때였다. 왼팔이 무감각해지더니 이내 오른팔도 감각이 없어졌다. 대학에 와 처음으로 하는 실내악 공연이었다. 공연장으로 가는 길에는 과호흡이 와서 점심을 담아둔 종이봉투를 대고 호흡을 골랐다. 무대에 오르기 전, 제2바이올린을 맡은 고든이 온종일 팔에 힘이 들어가지 않고 얼얼하다고 했다. "아무래도 내가 공연을 망칠 것 같아." 고든은 눈을 굴리며 한숨을 푹 쉬었다. 정말 그럴까, 마침 실패 이야기가 나왔으니 누군가는 그걸 저질러야 했다. (근육 긴장이 이렇게나 전염성이 강했던가?) 공연 때 고든은 멀쩡했다. 범인은 따로 있었다.

―

한번은 말 더듬는 습관이 있었던 친구가 나에게 "말더듬기가 시간과 관련있다는 생각을 늘 한다"라고 말한 적이 있다. 나는 전에 읽은 피아니스트 연구 이야기를 꺼내 압박 속에서 연주하는 상황이 피아니스트의 시간 감각에 어떤 영향을 미치는지 말해주었다. 그러자 친구는 고개를 끄덕이며 깊이 공감했다. "말도 마찬가지라고 생각해. 예를 들어 사람들 앞에서 말해야 하는 상황에서 하고픈 말을 생각하자마자 곧바로 뱉어버리면 문제없어. 그런데 말할 차례를 기다리면서 할말을 머릿속으로 정리하다가 꺼내려고 하면 상황이 달라지지…… 시간이 멈춰버린 것 같달까. 그냥 말이 안 나왔어."

나도 그 기분을 안다. 내가 망친 공연들은 여러모로 음악적 말더듬기라 할 수 있었다. 파텔은 두뇌의 청각과 전운동 영역이 밀접히 연결되어 진화한 것은 부분적으로 초기 인류의 음성 학습과 발화가 두 영역의 작용을 통해 촉진되었기 때문이라고 주장한다. 덕분에 우리 조상들은 (입, 목구멍, 폐, 성대 등의 운동 제어를 요구하는) "다양한 범위의 소리를 모방"할 수 있었고, 그런 소리들을 활용해 자신을 표현하고 다른 존재와 소통할 수 있었다. 시간 속에서 소리들을 연결해 감정을 표현하고 의미를 생성하는 음악처럼, 말에도 나름의 수행적인 요소들이 있다. 그것들은 예측할 수 있으나 즉흥적이기도 하다. 발화할 때를 떠올려보면, 생각하는 동시에 말이 나와야 한다. 이 경이로운 능력은 자동적이고 본능적이며 기적과도 같다. 그런데 발화의 행위 자체를 지나치게 의식하는 순간, 이 능력은 곧바로 멈춰버린다. 입을 떼어도 말이 나오지 않을 것이다. 이야기를 전달하려 애써보지만, 말하는 것의 부담감을 너무 의식한 나머지 결국 이야기가 길을 잃고 만다.

    나에게는 음악 공연도 마찬가지로 느껴진다. 내가 음악을 얼마나 잘 아느냐와 상관없이, 내가 곡을 망치리라는 확신이 모든 음악적 자신감을 무너뜨린다. 내가 속속들이 알고 있는 곡이라도 예외가 아니다. 매번 그러는 것은 아니지만, 한번 그런 일이 생기면 멈출 도리가 없다. 내 안의 자기 의심은 의식의 가장자리를 따라 스멀스멀 움직이기 시작해 내가 연주하고픈 그림에 먹구름을 드리운다. 마치 내 마음이 자아와 음악이라는 두 가지 박자표 사이를 왔다갔다하는 것만 같다. 둘은 마치 삼박자와 이박자가 충돌하는 폴리리듬처럼 전혀 다른 질감으로 흐른다. 하나는 자신에게만 몰두하는 내면의 시간, 생각과 자의식, 세상을 항해하는 개인의 정신이 흐르는 시간이다. 다른 하나는 자아가 다른 존재들과 협응하는, 말하자면 공동의 시간이 될 가능성을 품고 있다. 음악은 흐르고 싶어하지만 나의 자아는 모든 시계를 멈추고 싶어한다. 관심의 중심에 서고 싶어하는 것만큼이나 모두가 나를 바라보고 있다는 생각에 냅다 공황 상태에 빠진다. 원하는 게 뭔지도 모르면서 겁에 질려 악을 쓰며 고집피우는 골칫덩이 아이처럼.

그렇다면 자아는 스스로 해치고 기어코 일을 망치는 비뚤어진 방식으로 자기 자리를 보전하려는 것인가? 공연은 자신을 잃는 동시에 드러내는 역설을 구현한다. 배우가 전혀 다른 누군가가 되기 위해 무대에 오르듯 말이다(어쩌면 무대에 오르기 위해 전혀 다른 누군가가 되는지도). 음악을 할 때는 자아를 뒤로 미뤄두고 끊임없이 재잘거리는 자의식의 리듬을 틀어막은 다음, 그 자리를 음악의 시간에 내주어야 한다. 물론 공연의 주체는 자신이지만, 자아의 유예는 공연이라는 개념의 핵심이다. 음악이 되어 음악의 시간에 오롯이 몰입하기 위해서는 누가 자신을 보고 있는지, 그동안 자신이 얼마나 열심히 연습했는지, 공연을 얼마나 잘 해내고 싶은지와 같은 생각을 모두 내려놓아야 한다. 하나의 시간을 완전히 장악하려면 또다른 시간에서 빠져나와야 한다.

그게 왜 이렇게 힘든 걸까? 아마도 공연자가 구체적인 무언가를 생산하는 게 아니기 때문인지도 모르겠다. 공연자는 루틴, 레이업, 춤, 음악 등 매번 시간 속에서 무언가를 재창조해야 한다. 연습 때 무언가를 탁월하게, 심지어 완벽하게 해냈다는 사실은 중요하지 않다. 중요한 것은 바로 지금, 조명이 어두워지고, 홀이 조용해지고, 관객들이 기대감에 부푼 에너지를 무대에 혼자 있는 나에게 집중시키는 순간에 벌어진다. 어떻게 보자면 무대공포증은 재창조에 대한 불안이기도 하다. 이 불안은 모든 시간 예술에 내재해 있다(이 경우에는 스포츠도 포함된다). 나에게 재창조에 대한 불안은 한때 가졌던 것을 잃는다는 공포다. 분명 내가 숱하게 연습했고 어떻게 연주하는지 속속들이 알고 있는 악보가 주는 편안함과, 언제나 그렇듯이 내가 기필코 곡을 망치리라는 끔찍한 확신, 이 두 가지 필연(처럼 보이는 것) 사이의 갈등. 핵심을 파헤쳐보면, 나의 만성적인 무대공포증은 순간에 대한 통제권을 내려놓는 것에 대한 공포이자 그간의 모든 노력은 물론 나의 공연이 얼마나 중요한지 드러내고픈 절박함, 그 이상도 이하도 아니다. 연습실에 틀어박혀 음을 하나하나 고르고 악구마다 지시된 내용을 지키느라 고생하며 그 많은 시간을 보내지 않았으면 나도 이 일이 이렇게나 중요하다고 생각하진 않았을 것이다. 그런데 제대로 해낼 기회가 고작 한 번뿐이면, 내가 이 일을 얼마나 중요하게 생각하고 노력했는가를 나 자신에게나 남들에게 어떻게 증명해

보인단 말인가? 내가 불가능한 일에 착수했다는 확신이 들면 긴장감이 올라왔고, 그럴수록 완벽함은 손가락 사이로 미끄러져 사라졌다.

고등학교 시절 은사인 마우러 선생님은 힘들어하는 나를 지켜보다가 머릿속에 여백을 만들어 따스한 햇살이 비치는 평온한 공간에서 모든 사람, 모든 것과 멀리 떨어진 채 연주한다 생각해보라고 조언해주었다. "낚시를 가는 것과 같다"라고 했다. 무슨 말인지 이해는 갔지만, 나는 절대 그 상태에 도달하지 못했다. 적어도 내가 겪는 문제의 심리적 근원은 그것으로 해결할 수 없다. 나에게 그런 해법은 명상하며 머릿속을 비우라는 조언과 비슷해 보인다. 결국은 비움에 대한 생각을 떨쳐내지 못해 명상에 실패하고 만다. 내가 도무지 지나칠 수 없는, 번번이 걸려 넘어지고 마는 생각은 이것이다. 예전에 성공했다고 해서 이번에도 해내리라는 보장은 없어. 사람들이 다 보고 있잖아. 맥박이 빨라지고, 사람들의 시선에 머리가 파먹히는 느낌이 들면서 시간이 멈춘다. 그러면 나는 끝장이다. 사람들의 기대감과 내가 해내지 못하리라는 공포의 미끼에 낚여 흐름 밖으로 끌려나온다.

이건 정말로 낚시와도 같다. 다만 여기서 나는 낚시꾼인 동시에 동공이 확장된 채 뭍에서 숨을 헐떡이는 절박한 물고기 신세다.

베토벤 현악 사중주 공연을 마치고 짐을 싸고 있는데, 대학 시절 바이올린 스승인 잉 선생님이 나를 보러 찾아왔다. 잉 선생님과 마우러 선생님은 교수법부터 전반적인 미적 감각까지 모든 게 다르다. 잉 선생님은 삼십대 여성으로 길고 반짝이는 귀걸이를 하고 자수 재킷을 입고 다니며, 휴가 때는 알프스산맥을 오르고, 요가 중에서도 특히나 고된 영적 요가를 수행한다. 이 무렵 선생님과 공부한 지는 고작 몇 달이었지만, 선생님은 이미 자기가 창시한 바이올린 연주법을 나에게 주입하고 있었다. 선생님이 쓰는 단어는 사이키델릭한 필라테스 수업에서 들을 법했다. "팽팽히 당겨진 진주목걸이라 생각하고 척추를 곧게 펴요." "손가락 끝에서 나오는 에너지를 느껴요." "뿌리를 깊이 내린 키 큰 나무가 되었다고 상상해보세요." (마우러 선생님은 신동으로 일찍 바이올린을 시작해 칠십대에 접어든 분이었고, 전통적인 연주법으로 훈련받은지라 가르칠 때도 좀더 직접적인 지시어를 썼다. "활을 크게 써야지." "비브라토를 쓰렴." "톤을 더 키워서." "템포가 곧 특색이란 걸 명심해.") 잉 선생님은 스승일 뿐 아니라 멋진 언니와도 같은 존재였고, 마음껏 실험하고 여유를 부리도록 나를 격려했다. 레슨 때 잉 선생님 앞에서 연주할 때면 자유로운 기분이 들었다.

"괜찮아요, 내털리?" 선생님이 탐색하듯 물었다. "에너지가 평소와 다르던데. 손목이 또 아픈 게 아닌가 싶었어요."

나는 차라리 손목이 문제였으면 소원이 없겠다고 대답했다. 8학년 때 과도한 연습으로 얻은 인대 과신전은 유령처럼 이따금 찾아와 나를 괴롭혔다. 그러나 현실은 또 무대공포증으로 어이없는 심신성 긴장이 도졌다는 것이었다.

"그렇군요." 잉 선생님이 말했다. "그래도 연주를 아주 잘했어요. 도중에 끊지 않고 끝까지 했잖아요."

"훨씬 더 잘할 수 있었어요."

잉 선생님은 고개를 저으면서 미소를 지었다. "네 사람이 한 그룹으로 참 훌륭히 해냈어요. 다른 학생들이 내털리를 돕는 게 느껴지지 않던가요? 모두 한몸 같았어요. 세 학생이 내털리에게 에너지를 보내더군요. 공연 내내 내털리와 함께였어요."

선생님이 한 말은 사실이었다. 우리는 도중에 멈출 필요가 없었다. 시간은 끝까지 흘렀다. 살 떨리는 공연이었지만, 그럭저럭 괜찮았고, 명백한 실수는 몇 군데가 다였다. 내가 끝까지 해낼 수 있었던 것은 함께한 세 연주자 오드리, 고든, 마틴 덕분이었다. 나는 그들이 얼마나 세심하게 연주했는가를 깨달았다. 오드리는 나를 향해 연주하며 첼로의 베이스라인으로 내 소리를 띄워주었다. 제2바이올린과 비올라를 맡은 고든과 마틴은 내가 연주하는 동안 팔분음표 반주를 깔아주어 꾸준하게 에너지를 보탰고, 변함없이 나와 같은 시간에 머물며 나에게 발 디딜 땅이자 의지할 수 있는 존재가 되어주었다. 공연 내내 그들은 나에게 어떤 도움이 필요한지를 예상하고 그걸 미리 주기 위해서 자기 파트의 패턴은 물론 내 패턴과 동조하려고 부단히 힘써주었다. 집으로 돌아가는 길, 고마운 마음과 함께 뭐라 명명할 수 없는 슬픔에 북받쳐 왈칵 눈물이 났다.

　진화적으로 음악은 언제나 마음의 동조와 관련이 있었다. 2015년 음악학자 패트릭 새비지가 〈미국국립과학원회보〉에 발표한 인류 음악의 '통계적 보편성' 연구에 따르면,[11] 음악을 창작하고 감상하는 능력은 스티븐 핑커가 "귀로 듣는 치즈케이크"[12]라고 부른 것 이상으로 인류 조상의 생존 가능성을 높이는 생물학적 이점이 되었다. 신체를 박에 동조하는 신묘한 능력은 자기 움직임을 타인의 움직임에 맞추는, 역시나 신묘한 능력으로 이어진다. 새비지는 여러 문화가 공유하는, 혹은 음악의 '보편적인' 목적이 집단의 행위를 동기화하는 것이었다고 주장한다. 사냥이나 이주를 할 때 공동으로 싸우고, 식량을 채집하고, 무언가를 짓기 위해 서로 유대하고 협력하는 집단이 경쟁에서 오합지졸 집단을 이길 가능성이 크기 때문이다.
　그런데 내가 생각하기에는, 언뜻 생존에 불필요한 듯 보이는 음악성이라는 신통한 인간의 능력이 대대로 진화해오며 지금까지 우리에게 남아 있는 것에는 또다른 이유가 있다. 음악을 창작하고픈 욕망은 타인과 이어지고픈 욕망이자 개인으로서 자신을 주장하고픈 욕망이기도 하다. 그게 아니라면, 세상에는 어느 솔리스트도, 파가니니도, 위험을 무릅쓰고 파가니니 곡을 연주하려는 사람도 존재하지 않았을 것이다.

그렇다면 왜 자아는 표현하고자 하는 자신의 열망을 막아서려는 것일까? 무대에 올라 다른 사람들에게 자기 말을 들어보라고 요구하는 것은 본질적으로 자기중심적이고 심지어 주제넘기까지 하다. 그런데 한편으로 공연에는 수모가 따른다. 망신당하거나 오해받을 위험을 무릅쓰고 자기 의도를(그리고 자기가 생각하는 작곡가의 의도를) 전달하기 위해 스스로 까발려질 각오를 해야 한다. 타인과 이어지고 자신을 전달하고픈 자기표현에 대한 열망. 바로 그것이 공연의 의의다. 어쩌면 배측 청각 흐름이 진화한 것은 자기중심적인 동시에 연약한 존재인 우리가 서로에게 자기 존재를 알리고픈 욕구를 채우기 위해서였는지도 모르겠다.

나의 불안을 해소할 방법은 명백하다. 공연을 관두면 된다. 그저 원할 때 흥미가 당기는 곡을 연습하고, 재미를 위해, 그리고 오직 나만을 위해 연주하면 그만이다. 하지만 그럴 수 없다. 나는 무대에 오르자마자 이 세상 어디든 좋으니 제발 다른 곳에 있기를 바랄 때가 많다. 하지만 누구든 나에게 공연하겠냐고 물으면 그 기회를 놓치지 않고 그럼요. 할게요. 공연하고 싶어요, 라고 대답한다. 진심이다. 무슨 연유에서인지 나는 달아나지 못하고 자꾸만 위험천만한 바다로 나간다. 딱히 음악으로 무언가를 말하고 싶어서가 아니다. 만일 그렇다 하더라도, 심지어 공연을 망치고 방으로 돌아와 바이올린 케이스를 구석에 처박은 뒤 처참한 심정으로 바닥에 드러눕는 한이 있더라도 나는 여전히 나를 전달하고 싶고, 말하고 싶다.

"최선을 다하지 말아요." 학부 3학년 어느 화창한 4월 아침, 잉 선생님이 내게 이런 말을 했다. 선생님과 마지막으로 레슨을 하는 날이었다. 다가올 여름에 선생님은 자신에게 익숙한 런던으로 이사를 앞두고 있었다. 6월이 되면 밝은 에너지와 자수 재킷을 챙겨 떠날 터였다. 나는 선생님의 가르침을 받은 두 학생과 함께 고별 연주회 겸 연회를 준비했다. 우리는 그 자리에서 소나타를 한 곡씩 완주하기로 했다. 내가 고른 곡은 바흐의 독주 바이올린을 위한 소나타 C장조였다. 나는 선생님과 공부하면서 이 곡을 꾸준히 함께 작업했다. 곡의 2악장은 지독히도 까다로운 푸가이자, 끝없이 이어질 것 같은 4성 카논 속 소주제들이 꼬리에 꼬리를 물고 반복되는 미로이며, 마디마다 미세한 론도를 이루고 있다.

잉 선생님의 조언은 뜻밖이었다. 언제 다시 볼지 모르는 선생님을 위해 마지막으로 하는 연주였으니 나는 정말이지 최선을 다할 작정이었다. 그렇게 말하자 선생님은 웃었다. "이번만 내 말대로 해봐요. 한번 시도해보고, 그게 긴장감을 더는 데 도움이 될지 보죠." 〈네이처〉에 실린 한 연구 결과가 떠올랐다. 그 연구에 따르면 피실험자들은 평가받는다고 생각할 때 힘을 더 많이 주고 더 열심히 연주한다고 한다. 나는 마지못해 선생님의 조언에 수긍했다.

공연 날 저녁, 내 몸은 늘 그렇듯 무대에 오르기 싫다는 것을 일련의 증상으로 말해주었다. 과호흡이 왔고, 화장실을 들락날락 했으며, 구역질이 올라왔고, 닥치는 대로 음식을 집어먹고 싶었다. 내가 버틴 이유는 단 하나, 관객석에 있을 잉 선생님이었다. 그동안의 가르침에 감사를 표현하고 싶었고, 앞으로도 가르침대로 열심히 정진할 것이며 언젠가 돌아오면 좋겠다는 마음을 전하고 싶었다.

선생님이 떠나는 게 아쉬웠다. 그래서 그 순간을 붙잡아 지속하고 싶었다.

어떤 사람들은 공연할 때 시간을 뛰어넘고 몸과도 분리되는 경험을, 나이키 광고에 나올 법한 초월의 순간을 겪는다고 한다. 불안을 내려놓고 눈앞의 관객도 잊은 채 자신이 준비해온 것만을 믿고 그냥 할일을 한다 Just Do It. 그런 순간들을 상상하면 머릿속에

팽창하는 분유리 같은 원형의 시간이 떠올랐다…… 하지만 비참하게도 나의 현실에서 그런 일은 한 번도 일어난 적이 없었다.

　그런데 그날 밤, 나는 몸속에 그리고 시간 안에 존재하는 듯한 강렬한 경험을 했다. 사이키델릭한 필라테스 수업에서 들을 법한 잉 선생님의 오묘한 말들을 새기며 온 마음으로 믿었다. 선생님 앞에서 마지막으로 연주하는 자리이니만큼, 단 한 순간도 공포라는 맹목적인 힘에 시간을 뺏기고 싶지 않았다. 나는 두 발을 단단히 딛고 서서 마치 관객석에 선생님만 있는 듯 모든 에너지를 선생님에게 집중시킨 다음 선생님만을 위해 연주했다. 선생님이 무슨 생각을 할지는 걱정하지 않았다. 어떤 일이 벌어지든지 선생님은 날 평가하지 않으리란 것을 알았기 때문이다. 그저 선생님에게 말을 건네고 싶었고, 그분의 제자였던 것이 나에게 무슨 의미였는가를 어떤 식으로든 보여주고 싶었다. 첫 음들이 삐걱대며 살짝 불안정했으나 계속 나아가며 호흡을 고르고 나자, 이전에 경험해본 적 없는 몸과 마음의 합일이 시작되었다. 몸과 마음이 리듬에 맞춰 함께 움직이는 게 느껴졌다. 두뇌 청각 영역의 꼬리 부분과 하두정피질이 다음에 이어질 리듬에 맞춰 몸을 준비시켰고, 근육 기억은 마음속 생각들이 자기 의심이라는 낭떠러지로 치닫는다 싶으면 저지했다. 마음과 몸이 시간 속에서 서로를 붙들었다. 시간이 영광스러운 초월의 순간을 맞이해 녹아내린 것까지는 아니었지만, 그대로 멈추는 일도 없었다. 내가 얼어붙지 않앉으니까. 오히려 나는 시간과 함께 움직인다는 느낌을 받았다. 그 공연을 할 때의 나는 내 몸을, 나무뿌리처럼 바닥에 단단히 붙어 있는 두 발을, 손끝의 에너지와 땀방울을, 척추의 진주알들을, 그리고 시간을 강렬히 의식했다. 그 시간은 그저 순간이나 악절의 흐름이 아니라 하나의 총체였으며, 이음새 없이 연결된 작은 순간들로 이뤄진 하나의 커다란 순간이었다. 내가 연주한 소나타는 잉 선생님과 함께했던, 전진하고 후퇴했던, 멈칫하며 나아가고 희망을 품은 채 되돌아왔던 지난 삼 년의 세월을 담아냈다. 음악이 펼쳐진 삼십 분의 시간 동안, 나는 선생님과 함께했던 시간이 형태를 갖추는 것을 보았다. 그 형태란 론도였고, 시간의 형체였고, 어둑한 기억의 연속체에 떠 있는 구체였고, 하나의 존재물이었다. 하나의 순간에 계속해서 그다음 순간이 따라붙었다. 과거도 미래도 존재하지 않았고, 오로지 연속적인 현재만 존재했다. 이 시간은 나의 것, 나의 소유였고, 언제나 그럴 터였다. 그리고 관객석에는 나의 선생님이 있었다. 지금은 그것만으로 충분했다.

요즘도 나는 긴장할 때면 최선을 다하지 않기로 결심한 뒤 관객 중 한 사람을 골라 오직 그를 위해 연주한다. 그 사람을 향해 힘껏 에너지를 집중시킨다. 그렇게 그 사람을 위해 연주하는 동안 나는 잠시나마 나 자신에게서 빠져나온다. 그럴 때면 머릿속은 백지가 되고 근육은 얼어붙는 것을 잊는다. 보통은 그 사람을 제대로 분간하기조차 힘들다. 관중 속 하나의 얼굴, 침침한 실내

공간 속 어두운 형체일 뿐이니까. 그러나 중요한 것은 바로 그 존재다. 그 사람의 존재가 나를 이 순간, 이 공간에 붙어 있게 한다. 나는 내가 던진 줄을 그의 관심이 낚아채는 것을 느끼고, 우리가 음악의 시간이라는 흐름에 섞여 함께 떠내려가는 동안 애써 침착함을 유지한다.

여섯번째 감각
: 즉흥연주에 관한 노트

> 땅은 형체 없이 공허했고,
> 암흑이 심연 위에 있었다.
> ―「창세기」 1장 2절

피아니스트의 손가락이 건반 위를 누볐다. 두 손은 경쾌하게 날아드는 두 마리 새와 같았고, 머리카락은 짙은 색깔의 진자처럼 흔들렸다. 연주하는 곡은 옛날 노래였는데, 관객들도 다 아는지 도입부를 함께 흥얼거렸다. 그러다 주제의 큰 덩어리에서부터 새로운 소절이 나뭇가지처럼 솟아나더니 별안간 낯선 화성이 피어났다. 빛을 받는 각도에 따라 달리 보이는 잎사귀처럼, 박자표는 명랑한 사분의이 박자에서 묘한 왈츠의 박자로 바뀌었다. 달라진 주제는 매번 그다음 주제와 유기적으로 뒤섞여 꼭 처음부터 그렇게 진행되도록 정해진 것 같다는 인상을 주었다. 각각의 변주는 원래 선율과 같으면서도 다른, 그 선율에 속해 있으나 전혀 새로운 소리가 되어 필연의 빛을 쏟아냈다. 나는 지금까지도 그 경험을 무어라 표현해야 할지 모르겠다. 변주들과 혼합들, 그리고 그 모든 것의 합, 하나의 총체, 시간의 나무의 이 모든 변화는, 그러니까 이 음악은 피아니스트가 연주하기 전까지는 존재하지 않았으며, 유튜브*에 올라온 연주회 녹화 영상을 빼면 다시는 존재할 수 없다.

2009년 독일 루르 지방에서 열린 이 공연에서 즉흥연주된 곡은 독일 민요 〈새들의 결혼식Ein Vogel wollte Hochzeit machen〉이었다. 연주자는 가브리엘라 몬테로라는 베네수엘라 출신 예술가 겸 운동가인데, 클래식 스타일로 곡을 즉흥연주하는 공연으로 유명하다. 말하자면 몬테로의 공연은 실시간으로 펼쳐지는 작곡 행위다. 아마 미국 사람들에게는 2009년 오바마 대통령의 취임식 날 앤서니 맥길, 이츠하크 펄먼, 요요마와 나란히 공연하던 모습으로 유명하지 않을까 싶지만, 몬테로는 그 밖에도 여러 리사이틀

---

* 슈테펜 헤르만, 마리아 슈토트마이어, '가브리엘라 몬테로-즉흥연주, 브람스&히나스테라(Improvisations, Brahms & Ginastera)' (전체 공연 영상)", 유튜브, 2017년 6월 14일 네네(Nene) 채널 게재, www.youtube.com/watch?v=fkXG-2LukrE. —(원주)

홀에 올랐고 세계적인 오케스트라와 협연했다. 그중에는 뉴욕필 하모닉도 있으며, 로스앤젤레스 필하모닉과는 할리우드볼에서, 1995년 바르샤바 필하모닉과는 제13회 쇼팽 국제 피아노 콩쿠르 입상자 자격으로 호흡을 맞추었다. 몬테로의 루르 공연은 그 지역에서 해마다 열리는 피아노 음악 축제의 일환이었으며, 그가 세계를 다니며 선보이는 연주회의 공식을 그대로 따랐다. 그걸 공식이라고 부를 수 있다면 말이다. 몬테로가 라흐마니노프 협주곡이나 라벨의 환상곡 같은 클래식 정전을 몇 작품 골라 공연하고 나면 몇몇 관객이 즉흥연주 곡을 신청하는데, 보통은 자리에서 일어나 다른 관객들 앞에서 신청곡 선율을 흥얼거리는 식이다. 몬테로는 미소를 띠고서 관객 한 명 한 명의 요청을 진지하게 경청한다(누군가 노래하는데 어디선가 킥킥대는 소리가 나면 몬테로는 발끈하듯 관객들에게 "왜 웃으시나요?"라고 되묻는다). 그런 뒤에 천장 너머 저멀리 어딘가를 올려다보며 들릴 듯 말 듯 몇 음을 누르다가 이제껏 단 한 음도 세상에 알려진 적 없는 곡의 도입부로 뛰어든다.

  이 연주회 녹화 영상은 자꾸만 보게 되는 묘한 매력이 있다. 나는 셀 수도 없이 보았다. 원래 음악은 단 한 번 존재할 운명이었으니, 이 영상의 '다시 보기' 버튼을 누르는 것은 '재창조'를 명령하는 것과 같다고 할 수 있다. 사실 연주회 실황을 녹화한 것부터가 몬테로가 지향하는 지점과 근본적으로 충돌한다. 적어도 몬테로의 말을 빌리자면 그러하다. 영상에 삽입된 인터뷰에서 몬테로는 이렇게 말한다. "즉흥곡이 아름다운 이유는 무척 자연스럽게 시작되어 두 번 다시 반복되지 않는 데 있다"라고. "세상에는 반복되는 것이 너무나도 많고, 예측하고 계산할 것도 참 많은 듯해요. 그러니 딱 한 번만 일어나는 일을 아주 자유롭게 해보는 것도 나쁘지 않죠. 안 그래요?"

바로 이 자유라는 개념, 자유와 일시성의 조합이 클래식 연주계에서 몬테로의 공연이 독특한 이유다. 재즈 즉흥연주자와 달리 클래식 연주자인 몬테로는 자기 분야에서 보기 힘든 유형의 공연을 시도한다. 전통적으로 하나의 장르이자 기술로서 클래식 음악을 구분 짓는 특징은 바로 무언가를 기억하는 행위에 집중한다는 것, 또 반복을 통해 그 기억으로부터 대상을 되살려낸다는 것이다. 음악에 생명을 불어넣는 과정의 모든 단계마다 어떤 식으로든 기억하는 행위는 발생한다. 작곡가들은 음은 물론 음조, 아티큘레이션, 셈여림, 연주되는 음의 성격까지, 공연장에서 곡이 어떻게 재창조되어야 하는가를 지시하는 기호들을 악보에 꼼꼼하게 적어넣어 자기 생각을 보존한다. 그러고 나면 예행연습을 하는 음악가들이 악보를 분석하고 암기한다. 그들은 음악과 연주 동작이 자기 몸의 일부분이 되고 근육에 새겨질 때까지, 작곡가의 지시 사항과 연주자 자신의 해석이 정맥 주사액처럼 혈관으로 들어와 흐를 때까지 연습을 반복한다. 나아가 클래식 음악의 세계에는 이를테면 정전正典처럼 살아 있는 과거이자 시간을 초월해 되살아날 수 있는 대상이 존재한다. 그렇기에 9번 교향곡이 무대에 올려질 때마다 베토벤이 다시 살아나고, 피아노 전공생이 『평균율 클라비어곡집』을 펼칠 때마다 바흐가 다시 살아난다. 결국 그들을 기리는 행위나 다름없는 공연을 통해 음악가는 과거를 현재 안에 살려내야 한다. 그렇게 음악과 연주법의 전통이 시간의 불길을 타고 후대로 내려와 황금의 고리를, 거대한 불변의 정전을 형성하고 매만져왔다.

내가 몬테로의 연주를 접한 시점은 2019년 9월, 고등학교 시절 친구가 있는 인디 록밴드와 합동으로 공연한 직후였다. 친구 제이크와는 과거에도 몇 번 합주한 적이 있었다. 주로 그애의 자작곡들을 연주했는데, 제이크는 선율과 가사를 지어놓은 상태에서 악기 연주자들을 스튜디오로 불러모아 클릭 트랙* 위에 녹음했고, 그러면서 순간순간 내키는 쪽으로 곡을 손봤다. 제이크는 아주 노련한 즉흥연주자이며 나에게도 매번 즉흥연주를 권했다. "긴장하지 말고 그냥 즐겨! 망쳐도 괜찮아." 그때마다 나는 번번이 고개를 저어 거절하며 고집스럽게 나만 볼 악보를 작성했다. "다음에 뭐가 나올 줄 알고?" 그러면 제이크는 눈을 반짝이며 웃었다. "모르지. 그래서 재미있는 거야." 내가 즉흥적으로 연주할

---

* 곡의 템포를 알 수 있게 메트로놈 소리가 함께 녹음된 트랙.

자신이 없음을 여러 차례 말한 후에야 제이크는 내 말을 진심으로 믿어주었다. 9월 공연을 앞두고 제이크가 직접 쓴 악보를 나에게 건넸을 때는 고마운 한편 조금 위축되었다. "너는 이게 있어야 안심할 것 같아서." 제이크가 밝게 웃으며 말했다. 물론 나는 정말로 안심했지만, 무대 위에서 모두가 한껏 몰입해 즉흥연주를 하는 동안 혼자만 열심히 악보를 읽고 있는 순간의 낭패감을 지우기 힘들었다(나는 습관적으로 악보에다 운지법과 운궁법, 셈여림표를 연필로 야무지게 적어두기까지 했다).

물론, 즉흥연주를 못하는 게 나만의 사정은 아니다. 초등학교 때부터 피아노와 기타로 잼 연주를 해온 친구 제이크와 달리, 보통의 클래식 바이올리니스트는 즉흥연주를 배우며 크지 않는다. 그보다는 음악을 읽는 데 집중하며, 그다음에는 악보를 통해 곡을 배우고 마침내는 그걸 암기하는 데 공을 들인다. 오랜 세월 그런 학습법을 주입받다보면, 즉흥연주는 '진짜' 음악을 만드는 데 필요한 노력과 단련의 반대말처럼 느껴진다. 실제로는 전혀 그렇지 않은데도 말이다. 이러한 생각의 언저리에 흩어져 있는 엘리트주의와 인종주의 탓에 클래식 음악은 역사적으로 록, 힙합, 재즈를 경멸하게 되었다. 또 이러한 태도는 몬테로와 같은 즉흥연주 예술가들의 활동에도 영향을 미쳤다. 아무리 클래식 음악 훈련을 부족함 없이 받고 굉장한 공연 프로그램을 선보이더라도, 그들은 '진짜' 클래식 음악가로 쉽게 대우받지 못한다. 미래를 대비한 단련과 엄격함, 혹시 모를 실수를 예상하고 예방하는 데 초점을 맞춘 스타일과 학풍 안에서, 즉흥연주란 근본적으로 어색하기 짝이 없고 심지어 터무니없어 보인다. 클래식 음악이 반복과 분석, 통제와 재창조에 관한 것이라면, 즉흥연주는 시간을 향한 일종의 항복을 요구한다. 바로 그렇기에 몬테로에게는 즉흥연주가 지극히도 자연스럽다. 몬테로는 즉흥연주를 통해 베네수엘라에서 보낸 어린 시절 '이야기를 들려주고', 하루를 어떻게 보냈으며, 주변에서 무엇을 보았고, 어떤 순간에 어떤 감정을 느꼈는지 풀어놓았다. 가끔은 피아노를 치면서 자신의 즉흥연주에 설명을 덧붙이기도 했다. "나는 이렇게 말하죠. '막 일어났을 때 아버지는 이런 소리를 내요. 아버지가 외출했다가 안 좋은 기분으로 돌아오면 이런 소리가 나고요.'"

몬테로는 유년 시절 피아노 선생님의 격려 속에 즉흥연주자의 재능을 키웠다. 그러나 청소년기에 들어서 만난 선생님이 공연할 때 즉흥연주는 아무 쓸데 없으니 관두라고 나무란 탓에 재능을 억눌러야 했다. 요즘 몬테로가 맞닥뜨리는 저항의 대부분은 그의 연주가 정말로 가능한지 의심하는 시선에서부터 온다. 몬테로에 따르면, 그를 깎아내리는 사람들이 흔히 하는 주장은 그가 관객석에 사람을 심어놓아 미리 정해둔 주제의 선율을 흥얼거리게 하고 그들을 순회공연에 데리고 다닌다는 것이다. 물론 사실이 아니지만, 그런 사람들에게는 몬테로의 연주를 논리적으로 받아들일 방법이 그뿐인 듯하다. 몬테로의 즉흥연주는 형식적으로 보면 푸가 수준으로 복잡하고, 협주곡만큼이나 광활하고 광범위하지만…… 그 시작은 찰나의 순간에 떠오르는 생각이다. 몬테로가 그토록 깊은 침묵에서 그렇게나 많은 소리를 끄집어내고 아무것도 없는 공허에서 보란듯 즉각적으로 형식을 창조해낸다는 것은 정말이지 불가능해야 마땅하다.

내가 이해할 수 없는 부분은 이것이다. 즉흥연주에서 내용의 생성은 즉흥적이지만 절대 무작위적이지 않다는 것. 이는 그 자체로 역설적이다. 동등한 확률로 무엇이든 선택해 연주할 수 있다고 한다면, 어떤 하나를 순간의 충동으로, 무작정 믿으며, 아무런 생각 없이 선택하는 것은 결국 우연에 기인한 것 아닌가? 어떻게 즉흥적인 것이 무작위적이지 않을 수 있고, 순간의 직감과 찰나의 반짝임에 의해 만들어진 음악이 마치 미리 쓰이고 수정되고 연습되고 암기된 것처럼 시간 속에서 자연스러운 형식을 부여받을 수 있단 말인가? 그리고 가장 본능적이고 무모한 첫번째 결정을 내릴 때 우리는 그 선택을 어떻게 내리는가? 과연 그걸 '선택'이라고 부를 수 있는가? 정말 우리가 선택이란 것을 할까?

음악은 즉흥으로 시작된다. 미국의 재즈 색소폰 연주자이자 작

곡가인 웨인 쇼터는 재치 있게 핵심을 건드리는 말을 남겼다. "작곡은 속도를 늦춘 즉흥연주일 뿐"[1]이라고. 헝가리 음악학자 에른스트 페란드는 "즉흥 공연에 기인하지 않았거나 본질적으로 영향 받지 않은 음악적 기법이나 작곡 형식은 극히 드물게 [존재한다고] 볼 수 있다"[2]라고 했다. 이 논리는 언뜻 듣기에도 타당하다. 새로운 악곡을 창조하려면 음들을 무작정 선택해야 하는 순간이 반드시 온다. 인류학적으로 보면 (음높이나 리듬을 악보에 적는 것은 고사하고) 음악 창작이라는 문화적 전통이 존재하기 훨씬 이전, 인류가 입을 열어 노래의 첫 음들을 흥얼거렸을 때에도 그 음을 결정한 것은 영감과 우연의 조합이었을 것이다.

그런데 서양음악의 경우 약 8세기 무렵부터 변화가 시작되었다. 로마 가톨릭 성직자들이 교회선법을 사용해 단일 성부로 부르는 그레고리오 성가를 위한 기보법을 발명한 것이다. 초기 아리아의 보존과 보급을 목적으로 발명된 이 최초의 기보법은 오늘날 우리가 아는 클래식 음악을 아우르는 메타 장르로 발전했다. 이 장르가 지닌 가장 주되고 일관되며 구별되는 특징은 바로 읽기 능력literacy이다. 역사학자이자 음악학자인 리처드 타루스킨의 표현을 빌리자면 "이는 아마도 서양음악을 확실히 구분 짓는 특징"[3]이기도 할 것이다. 역사학자 로빈 무어가 1992년 논문 「서양 예술 음악에서 즉흥연주의 쇠퇴The Decline of Improvisation in Western Art Music」에서 지적하듯이, 처음에는 교회에서, 나중에는 궁중에서 사용하던 음악 양식에 접근하기 간편해지자 음악의 민주화와 희소화가 동시에 벌어졌다. 즉흥연주는 바로크시대를 지나 낭만주의시대 초엽까지도 보편적인 음악 형태로 계속 유통되었으나 종이 악보의 보급은 클래식 음악을 이루는 음들이 비로소 모두의 것이 되었음을 의미했다. 직업으로 악기를 연주하건 안 하건 간에, 턱 밑에 바이올린을 받칠 수 있으면 누구나 클래식 음악을 연주할 수 있었다. 그러나 중산층 아마추어 음악가 중에는 곡을 꾸미는 요소랄지 표현력 넘치는 기교를 가미해 음악을 음악답게 만들 만큼 양식에 조예가 깊은 자가 많지 않았다. 그 결과, 18세기 후반부터 작곡가들은 자기 곡 악보에다 연주자에게 바라는 사항을 자세하게, 구체적으로 적어넣기 시작했다. "악보를 즉흥적으로 해석할 능력이 부족한 사람들을 위해 꼭 필요한 장식음이 하나도 빠짐없이 적절한 방식으로 악보에 기록되었다."[4]

무어에 따르면, 악보로 기록된 작품들이 정전으로 자리잡고 전문적인 음악가를 양성하기 위한 음악원이 설립되자 "예비 예술 음악가들은 정전이 된 작품들을 공연할 때 점점 남들의 시선을 의식하기〔시작했고〕,〔그들은〕교육받지 않은 본능보다 권위 있는 음악 전문가들이 제시하는 해석에 훨씬 더 의존하는 경향을 띠었다."[5] 이러한 현상은 녹음 기술이 등장하고 뒤이어 더빙과 편집 기술이 나오면서 더욱 굳어졌다. 이 주장을 종합해보자면, 음악가들이 즉흥연주를 꺼리면서 유명한 교사나 연주자, 나중에는 녹음본을 클래식 공연의 성배인 양 떠받들며 그 스타일을 재창조하는 쪽으로 치우친 건 범문화적으로 나타난 무대공포증 현상 때문이었다. 같은 클래식 음악이라도 현대에 갓 작곡된 곡은 상대적으로 비주류로 남아 큰 장르 내부에 별도의 분야처럼 존재한다는 점은 정전의 세계가 새로운 것을 얼마나 거부하는지 말해준다. 그래도 최근 몇 년 동안은 현대음악을 폭넓게 포용하려는 변화의 조짐이 나타났다. 앙상블, 그중에서도 특히 실내악단들이 프로그램에 베토벤, 슈베르트, 브람스 등과 같은 거장의 음악과 더불어 현대음악을 포함하는 추세다. 다만 그런 작품들이 영구적으로 정전의 지위에 오르게 될지는 더 지켜보아야 한다.

클래식 음악(또는 우리가 클래식 음악이라고 생각하는 무엇)은 일시성을 거부하는 듯 보이지만, 공연이라는 행위에서 즉흥적인 요소는 여전히 빼놓을 수 없다. 민족음악학자 브루노 네틀은 즉흥연주를 두고 "음악작품을 창조하는 것, 혹은 공연되고 있는 음악작품의 최종 형식을 창조하는 것"이라고 정의했다. 여기에는 "연주자의 순간적인 작곡 행위, 작품의 기존 뼈대를 세심히 다듬거나 수정하는 행위, 또는 그 중간쯤 되는 행위가 포함될 수 있다. 어떻게 보자면, 때와 장소에 따라 정도의 차이는 있겠으나, 모든 공연에는 즉흥연주의 요소들이 포함된다. 또 어떻게 보자면, 모든 즉흥연주는 일련의 관습 내지는 암묵적 규칙에 토대를 두고 있다."[6] 따라서 연주자가 악보의 요소를 즉석에서 수정하는 것, 이를테면 대뜸 크레셴도로 갑작스러운 벅차오름을 표현하고, 할당된 호흡보다 조금 더 길게 마지막 음을 끄는 것은 아무리 사소할지라도 즉흥연주의 성격을 띨 수밖에 없다. 그렇다고 한다면, 작곡된 작품의 마지막 공연은 다음번에 그 곡이 연주되기 전까지 그 곡의 '최종 형식'이 된다고 말할 수 있다. 어떤 공연도 그 마지막 공연을 완벽하게 재창조할 수는 없으므로.

바로 이런 고침이 '좋은' 클래식 음악의 고차원적 역설이자 약간의 위선을 이루고 있다. 폐쇄적인 정전 시스템 안에서조차 자유로움이라는 특성은 연주자에게도, 공연에도 무척 바람직하다고 여겨진다. 표현이 억눌리지 않는다는 일관된 느낌, 소리의 깊이와 가벼움을 횡단할 때 악기를 자신이 통제하고 있다는 선명한 감각. 한번은 마스터 클래스 선생님이 학생들에게 오밤중에 일어나 비몽사몽중에도 파가니니 연습곡을 연주할 줄 알아야 한다고 말하는 걸 들었다. 그것도 표현력이 넘치되 실수 없이. 그 정도로 준비되어 있어야 하며 그만큼 근육 기억을 믿을 수 있어야 한다는 거였다. 상냥하지만 예민했던 또다른 선생님은 내가 레슨 때 곡을 외워서 연주한다 싶으면 그때마다 나의 왼쪽 팔꿈치를 가볍게 치며 "그만 생각해. 너무 긴장했어. 내려놔"라고 말했다. 이상적인 클래식 연주자는 철두철미하게 준비되어 있어야 하지만 동시에 무한히 즉흥적이어야 하고, 이상적인 공연은 즉흥적이되 절대 즉흥적이어서는 안 된다. 무어가 말하듯 즉흥연주조차도 완전히 "자유롭지 않다". "즉흥연주는 개인들로 이뤄진 집단이 머리나 직관으로 이해할 수 있는 어휘를 포함해야만 표현의 수단으로서 효과가 있다."[7] 어쩌면 즉흥연주와 철저한 연습은 똑같은 욕망을 정반대로 표현한 것인지도 모른다. 하나는 망각 수준에 이를 만큼의 준비를 통해, 다른 하나는 준비의 필요성을 뛰어넘는 순간적 망각을 통해, 양식이라는 한계와 형식이라는 상대적인 제한 내에서 자유를 추구한다.

쓸모 있는 음악가로 평가받으려면 부단히 노력해야 하지만, 공연 때 애쓰는 것처럼 들리는 순간 그의 음악은 길을 잃고 만다. 나는 이 긴장과 모순을 연주하는 동안 끝끝내 봉합해내지 못했다. 연습한 대로 모든 음을 연주하려고 애쓰는 순간에도, 즉흥연주를 시도했다가 실패하고 마는 순간에도. 그런데 즉흥연주도 나름의 어려움과 불안에 가로막힌다. 장르의 원칙을 따르는지, 더 넓게는 (가볍게 듣는 수준이더라도) 서양 조성 음악에 익숙한 인간의 귀에 충분히 듣기 좋은 소리인지에 따라 즉흥연주도 옳고 그름의 지배를 받는다. 나에게 바이올린은 언제나 자유와 단련, 기억과 욕망 사이 탁한 교차 지점에 존재했다. 바로 그 지점에서 투쟁이 벌어진다. 한편으로는 실전에서 완벽해지기 위해 기계적으로 노력했던 것을 재생산하려 애쓰지만, 다른 한편으로는 노력을 초월해 그 흔적조차 음악에서 지워버려 자유롭고 구속받지 않는, 살아 있는 듯한 느낌을 내려는 투쟁이다. 나는 유형의 결실을 끝끝내 만들지 못하는 게 끔찍이도 무서웠다. 음악이 나를 지나쳐갈까봐, 한순간 붙들기가 무섭게 사라져버릴까봐 두려웠다. 이미 존재하며, 내가 달달 외웠고, 적어도 몇 번이고 되살리려 시도할 수 있는 음악이라 할지라도 마음속 두려움은 가시지 않았다. 이런 나에게 즉흥연주는 차원이 다르게 무시무시한 존재처럼 보였다. 즉흥연주에서는 음악의 내용이 악보가 아니라 공연이라는 행위 자체와 떼어놓을 수 없고 오직 창조의 순간에만 속해 있으니 반드시 그 순간 안에서 죽음을 맞이해야 하기 때문이었다. 몬테로의 루르 공연 영상을 처음 봤을 때, 나는 그가 들려주는 음악의 완벽함에 가장 깊은 인상을 받았다. 이렇게나 복잡다단하게 아름다운 예술이 한순간에 떠오르는 생각으로 만들어졌다는 사실, 나아가 몬테로가 포착할 수도 없고 다시는 창조해낼 수도 없는 무언가를 창작하면서 스스로 만족감을 느낀다는 사실에 나는 놀랐고 매료되었다.

그래서 나는 진눈깨비가 내리던 2020년 1월의 어느 오후, 매사추세츠주 케임브리지의 래드클리프 고등연구소를 다시 찾았다. 일 년 전 즈음에는 아니루드 파텔을 만나러 방문했던 곳이었다. 우아한 사십대 후반에 접어든 몬테로가 그곳에서 즉흥연주 예술가로서의 삶에 관해 이야기하는 강연을 연다고 했다. 강연 제목은 '나는 무엇을 선택할 수 있을까?'였다. 진행을 맡은 몬테로의 남편은 아일랜드 출신의 바리톤이자 음악 제작자인 샘 매컬로이였다. 매컬로이는 2010년에 몬테로의 할리우드볼 연주회를 관람하고 다음날 아침, 어느 카페에서 아내가 될 몬테로를 만났다. 매컬로이는 아내의 재능을 열렬히 지지해주었고, 아내가 애초에 이유를 몰라 말로 설명할 수 없었던 자기 재능의 신경학적 뿌리와 철학적 함의를 탐색하도록 도왔다. 나는 클래식 음악가로서 내가 행했던(혹은 가르침받았던) 모든 것과 정반대로 연주하면서도 마치 그 전통의 정점에 있는 듯한 음악을 만드는 것은 어떤 기분일지 알고 싶어 몬테로의 강연에 참석했다.

몬테로는 그간 예술가로 활동하면서 자신의 재능에 관해 숱하게 인터뷰를 해왔으나 이번 강연은 달랐다. 남편 매컬로이의 권유로 마침내 몬테로는 재능 자체를 정량화하지는 못하더라도 재능을 발휘할 때 두뇌 속에서 일어나는 일들을 정량화해 살필 수 있게 되었다. 몬테로는 얼마 전 학술지 〈뉴로이미지〉에 실린 연구의 피실험자로 참가했다고 했다. 존스홉킨스대학교와 UC샌프란시스코의 신경과학자, 이비인후과학자, 음악과 소리 지각 연구자로 이뤄진 팀이 공동으로 진행한 연구였다. 대표 저자인 찰스 림은 이전 연구들에서 즉흥연주가 두뇌 영역 중 자기 인식, 더 중요하게는 자기검열 및 억제와 관련된 배외측 전전두 피질의 비활성화와 강력하게 연관되어 있다는 사실을 규명해냈다. 그때까지 림의 연구는 "즉흥연주가 음악 행위의 핵심을 이루는"[8] 재즈 음악가들의 두뇌 속 신경 활동에만 집중해왔다. 그러던 그가 몬테로에게 흥미를 느낀 까닭은, 어떻게 보자면 즉흥연주 자체를 거부하는 형식 안에서 몬테로가 즉흥연주를 하기 때문이다.

실험을 위해 몬테로는 기능적 자기공명영상fMRI 스캐너에 들어가 누운 상태에서 "특별 제작한 비강자성非强磁性 피아노 건반"을 연주했다. 몬테로의 강연 주제이자 제목인 '나는 무엇을 선택할 수 있을까?'는 이 연구의 결과를 시사한다. 몬테로는 다른 인터뷰에서도 즉흥연주를 할 때면 자기도 무슨 일이 일어나고 있는지 알 수 없으며, 두뇌 깊숙이 있는 "수도꼭지를 트는 것"⁹처럼 저절로 연주가 시작된다고 말하곤 했다. 림과 연구진은 그 이유를 확인하기 위해 세 가지 조건을 설정한 뒤 몬테로에게 무작위로 조건을 바꾸라고 요구하면서 몬테로의 두뇌 활동을 분석했다. 첫번째 조건은 모든 음악에서 가장 기본적인 구성요소이자, 모든 음과 음정의 오르내림 순서를 정해놓은 음계를 연주하는 것이었다. 두번째 조건은 몬테로가 외우고 있는 바흐의 〈G장조 미뉴에트〉를 연주하는 것이었다. 두 활동은 복잡성 면에서 상당한 차이를 보였지만, 놀랍게도 유사한 패턴의 두뇌 활동을 유발했다. 마지막 세번째 조건은 몬테로가 외우고 있는 바흐 미뉴에트의 스타일로 즉흥연주를 해보는 것이었다. "즉흥연주와 연관된 신경 상관물neural correlates을 조사"하고 그것이 암기된 음악을 연주하는 과정과 얼마나 다른지 살펴려는 것이었다. 그 결과 모든 것이 달라졌다.

외워서 하는 공연과 즉흥연주의 차이는 두뇌의 기본상태회로(Default-Mode Network, DMN)에서 비롯된다. 이 회로는 두뇌 영역들의 기능을 연결하는 광범위한 시스템으로, 거칠게 말해 자아의 여러 모습을 조절한다. 그중 일부를 나열하자면 의사결정, 자기 지각, 자전적 기억을 통제하는 내측 전전두 피질, 새로운 기억을 형성하는 해마, 지각과 공간 인지의 중심이자 물리적 세계 내 자기 감각을 생성하는 모이랑, 타인에 관한 생각과 그것이 자아와 맺는 관련성을 책임지는 배내측 전전두 피질 등이 있다. 음계와 암기 실험 때 몬테로의 두뇌에서 이 영역들은 서로 연결되어 활성화되었다. 마치 시공간과 기억의 감각이 함께 연주를 수행하도록 설계되어서 그 활동을 재창조하기 위해 서로 말을 건네는 것처럼. 그런데 연구진이 몬테로에게 즉흥연주를 요구하면 이 상호 연결성의 불빛이 갑자기, 그리고 눈에 띄게 약해졌다. (좀더 전문적으로 말하자면, 다수 영역의 상호 연결이 큰 폭으로, 그리고 정량화할 수 있을 정도로 감소했다.) 몬테로의 뇌 속 DMN 영역들이 통일된 자아를 발현시켜 과거에 배운 음악을 연주할 수 있게 한다면, 즉흥연주는 모종의 이유로 그 결속을 흐트러뜨리고 몬테로에게 다른 무언가를 꺼내라고 요구한다.

개별적 영역으로서가 아니라 복합적 상호작용 네트워크로서 DMN은 두뇌가 외부적인 것에 깊이 몰두해야 하면 잠잠해지는 경향을 보인다. 즉흥적인 음악 공연이 완벽한 사례다. 이전 연구들은 주로 재즈 연주자들이 즉흥연주를 할 때의 두뇌를 분석해서 몰입 상태를 이루는 "자기 인식과 통제감의 감소"가 "기본상태회로 영역 내부의 활동 감소와 연관 있다"라는 결론을 도출했는데, 몬테로가 참여한 연구 또한 이를 뒷받침한다. 이런 연구들은 비범한 재능을 지닌 사람들을 대상으로 한 것이지만, 우리도 살다보면 한 번쯤 이런 현상을 겪지 않나 싶다. 절정의 순간에 자기를 가뿐히 유예할 수 있을 것 같은 느낌에는 깊은 몰입이 동반되며, 어떤 일에 자기를 내던져야 할 때의 느낌은 자기를 버리다시피 뒤로하고 떠날 수 있는 것에 대한 안도감에 가까워진다. 연구진이 확인한 결과, 몬테로를 대상으로 한 실험에서 즉흥연주는 DMN 영역 전반의 연결성을 감소시켰다. 즉흥연주를 할 때면 "자아 밖으로 빠져나와" 현재에 빠져든 채 수도꼭지를 틀어 음악을 흘려보낼 뿐이라고 말한 몬테로의 주장대로, 즉흥연주는 순간적으로 자아에 균열을 일으키고 일시적으로 자아의 테두리를 녹여 없앤다.

  그러나 이 연구의 결과에서 나에게 가장 흥미로운 부분은, 의식 영역의 자아가 비활성화되는 순간, 다른 무언가가 전면에 나타나는 듯 보인다는 것이다. DMN은 의식적 기억이 보관되는 장소이기도 해서 과거 회상과 미래 예상에 관여한다. 즉흥 공연에서 밀도 높은 현재가 펼쳐지는 동안 다른 시간에 속한 생각들은 잠시나마 버리게 된다는 주장은 일리가 있다. 그런데 이 연구는 어쩌면 좀더 심오한 유형의 회상과 예상이 작동하고 있을지 모른다는 가능성을 제시한다. 연구진은 다음과 같은 주장을 상정한다. "피실험자 가브리엘라 몬테로(GM)는 즉흥연주를 할 때 스스로 무엇을 하는지 의식하지 못한다고 말하지만, 그의 즉흥연주 실험에 관한 음악 동기 분석의 결과, 즉흥연주중 GM은 과거에 연주했던 음악적 소재로 회귀하는 경우가 빈번한 것으로 나타났다. 그의 즉흥연주가 체계와 통일성을 갖추었다는 사실은 그의 음악적 의식의 흐름이 놀라운 수준으로 조직적임을 말해준다." 그러므로 몬테로의 즉흥연주에는 그가 과거에 학습했거나 들어보았거나 연주해본 것들의 그림자가 어른거리고, 끊임없이 음악을 소비하는 과정에서 머리에 각인된 종지와 형식의 패턴이 깔려 있다. 이 패턴은 음계, 아르페지오, 화음 진행 같은 소리의 배열을 암기한 것일 수도 있지만, "새로운 패턴을 생성하기 위해 학습한 패턴을 활용하느라" 그의 손과 손가락의 운동 네트워크에 내면화된 움직임, 연구진의 표현을 빌리자면 "체현된 창의성의 형식"일 수도 있다. 림은 체현된 인지embodied cognition라는 용어를 사용하는데, 이것이 "두뇌의 한 부분에만 국한된다기보다 의식적인 생각과 무의식적인 생각, 또 서로에게 의존하는 행동/행위 사이에 다양한 층위로 존재하는 기능적 상호의존성"의 작용일 수 있다고 나에게 설명해주었다.

  그렇다면 몬테로의 즉흥연주는 초월적인 유형의 근육 기억에서 비롯된다고 말할 수 있다. 그 기억이 몬테로의 음악성을 제한하기보다 오히려 몬테로가 자기 기분과 의지가 내키는 대로 그것을 활용한다. 그 기억은 현재가 품은 무한한 가능성을 열어젖힌다. 연구 결과를 읽다보니 성 아우구스티누스가 『고백록』 10권에서 언급한 기억memoria 개념이 떠올랐다. 기억에는 "자신이 깨닫기도 전부터" 존재했던 무언가가 틀림없이 있을 테지만, 그것들은 "은밀한 동굴에 박혀 있는 것처럼 저멀리 뒤편으로 밀려나 있다."[10] 그리고 "우리는 사유함으로써 기억 속에 산발적이고 무질서하게 담긴 생각들을 한데 모으고, 주의를 집중시킴으로써 이제껏 감춰지고, 흩어지고, 방치되었던 그 생각들을 당장이라도 사용할 수 있도록 순서대로 배열한다".[11] 그렇다면 즉흥연주는 깊이 파묻힌 기억의 기이한 현현이라고도 볼 수 있다. 무질서에서 질서를 창조하는 것이자, 잠들어 있던 영혼의 일부분을 깊숙이 퍼내는 것이자, "우리 마음은 스스로 알고 있는지도 모르는 것을 알고 있다"[12]는 증거다.

몬테로의 음악 기억력은 날카로우며 언뜻 보면 순간적으로 발휘되는 듯하다. 몬테로는 관객이 흥얼거린 주제 선율을 한 번 듣고 암기한 다음, 단번에 그것을 온전한 길이와 형식을 갖춘 환상곡이나 푸가, 혹은 협주곡 악장으로 연주해낸다. 그러나 이건 순간적 암기라고만 할 수 없다. 몬테로에게는 주제에 대한 이해, 나아가 그것이 품은 변모 가능성 일체에 대한 이해가 부호화되어

거의 운명처럼 입혀진 듯하다. 대다수 음악가가 악보를 통달하고, 음악 이론을 오랫동안 공부하고, 단 한 부분도 까먹을 수 없을 만큼 음악이 내면 깊이 스며들 때까지 거듭 열심히 연습한 후에야 얻을 수 있는 여섯번째 감각을 몬테로는 지니고 있다. 보통 사람들에게 그 감각은 처음부터 즉흥연주와 정반대되는 것으로 여겨질 것이다.

순간적으로 발휘되어 앞을 내다보는 기억, 즉 미래를 기억한다는 발상은 자연 세계와 우주 질서 속 기묘하고 놀라운 필연적 결과로도 나타난다. 이를 경로 적분이라고 부르는데, 양자역학 세계에서 발생한다. 이 세계는 불확정적이고 통계적이며, 유한과 무한, 형태와 공허가 갈등과 중첩의 관계로 존재한다. 1940년대 이론 물리학자 리처드 파인먼이 정의한 경로 적분은 특정한 시점에 한 자리를 차지한 어느 입자가 이후 다른 자리로 가게 될 확률을 계산한다. 질문 자체는 단순한 듯하지만, 양자 입자가 파동처럼 행동하는 까닭에 입자의 위치와 이동 경로를 확정할 수 없고 오직 확률의 용어로만 표현할 수 있다는 점에서 복잡하다. 위대한 파인먼이 도출한 결론은? 파동-입자가 시간, 출발 위치, 도달 위치라는 이동의 기본 제약 조건을 고려해 시공간을 가로질러 이동할 수 있는 모든 가능한 경로를 직관으로 파악한 다음, 그 모든 경로의 합을 토대로 하나의 경로를 선택한다는 것이다. 여기서 모든 가능한 경로라 함은 말 그대로 모든 가능성, 즉 우주를 가로지르는 무한한 수의 여정을 의미한다. 입자는 할 수 있는 한 가장 긴 경로를 지날 수도, 가장 짧은 경로를 지날 수도, 속도가 다른 경로들을 선택할 수도, 하나의 경로를 다양한 속도로 움직일 수도 있다. 이 무한한 경로들은 진폭의 중첩을 통해 조금씩 합쳐지면서(어떤 것은 말 그대로 더해지고, 어떤 것은 다른 경로의 전체 혹은 일부분을 지우면서) 운동 에너지에서 위치 에너지를 뺀 최소 작용의 경로를 산출한다. 이는 입자가 움직이는 에너지에서 위치로 인해 입자가 지니게 되는 에너지를 뺀 값으로, 이렇게 산출된 경로는 입자가 실제로 횡단하는 경로[13]와 일치한다. 말하자면 입자가 움직이기 시작하는 단 하나의 순간에 가능한 경로 전부를 직관으로 파악한 뒤 그중 운명으로 주어진 경로를 골라 출발하는 것과 같다.*

파인먼은 자기도 경로 적분이 왜 작동하는지 이해하지 못한다고 시인했다. 경로 적분을 어떻게 설명하든지 간에 그것이 입자에 일종의 의식consciousness을, 그뿐 아니라 예지력을 부여한다는 사실을 물리학자들도 부인하기는 힘들 것이다. 이는 입자가 과

---

* 파인먼은 1961년부터 1963년까지 캘리포니아 공과대학에서 '파인먼의 물리학 강의'라는 걸출한 강연 시리즈를 맡았는데, 이후 그 내용이 물리학 교과서로 편찬되어 유명해졌고, 일반 대중에게 물리 현상을 설명해주는 일종의 바이블로 자리 잡았다. 강연에서 파인먼은 최소 작용의 경로를 이렇게 설명한다. "우리는 어느 경로를…… 혹은 우리가 바라는 경로를 산출하기 위해 운동 에너지에서 위치 에너지를 뺀 값을 계산해 적분해볼 수 있다. 놀랍게도 적분값이 최소인 경로가 진정한 경로다." —(원주)

거와 미래를 연결하기 위해, 현재의 경계를 넘어서기 위해, 시간을 하나의 연속체로 묶어내기 위해 어느 경로를 선택해야 하는지 본능적으로 안다는 것을 암시한다. 이와 유사하게 즉흥연주를 할 때 몬테로는 아직 존재하지 않는 것과 동조하면서 마치 미래를 기억하는 듯 보인다. 몬테로는 하나의 주제 속 음들 사이, 침묵 내부에 들어 있는 모든 가능성을 직관으로 빠짐없이 파악하고…… 그중 하나의 경로를 골라 가능성이라는 타래에서 반짝이는 실 가닥을 하나 뽑아낸 다음 그것이 이끄는 대로 간다. 그러므로 최소 작용의 원리는 그 자체로 몬테로의 즉흥연주를 상징한다고 볼 수 있다. 몬테로가 연주하기에 가장 쉬운 길을 고른다는 소리가 아니라, 그가 자신을 내려놓고 시간의 흐름에 섞여 표류할 때 그에게 떠오르는 악상을 연주한다는 소리다. 몬테로는 생각하지도, 저항하지도 않는다. 그저 형식의 운명에 몸을 맡긴 채 행동할 뿐이다.

몬테로는 열일곱 살에 피아노를 관둔 적이 있다. 즉흥연주를 그만하라고 말한 선생님 때문에 의욕을 잃기도 했거니와 끝없는 대회와 연주회가 삶에 가혹한 질서를 강요하는 것에 질려버렸기 때문이었다. "다 부질없다는 생각이 들었어요. 나의 선택이 아니었고, 진짜 내가 아니었으니까요."* 자기 자신과 더없이 동떨어

---

* 이를 비롯해 뒤에 나오는 몬테로의 모든 발언은 래드클리프 강연에서 발췌한 것이다. 녹화본은 다음 주소에서 볼 수 있다.

져 있던 시절이었다고 그는 회상한다. "그때 나는 음악을 끔찍이도 싫어했고, 나라는 사람의 포로가 된 것도, 다른 선택지가 없다는 것도 싫었어요." 그래서 몬테로는 피아노 뚜껑을 닫았다. 이후 찾아온 침묵의 시간 동안 몬테로는 앞으로 뭘 하며 살고 싶은지, 음악이 아니면 무엇에 인생을 바치고 싶은지 고민했다. 가능하다면 "사회에 이바지"하고 싶었고, 그래서 사회복지 일을 해볼까도 생각했다. 그러나 몇 년 후, 마치 뭔가에 홀리기라도 한 듯 몬테로는 오래된 녹음테이프를 보내 런던왕립음악원 오디션에 지원했다. 결과는 합격이었고, 몬테로의 표현을 빌리자면 "어쩌다보니 다시 음악의 길에 들어서게 되었다". 음악원에서는 화성과 계명창 같은 음악의 "기초 이론 과목들"을 공부할 수 있었으나 어느 것에도 흥미가 동하지 않았다. "나는 다른 사람들처럼 그런 것을 머리로 처리하지 않았거든요." 래드클리프 강연에서 몬테로가 말했다. "내가 악기와 맺는 관계는 정서적이고 상호적이었어요."

"그러니까, 음악이라는 언어가 자신을 형용해줄 부차적 언어를 요구하지 않는다는 것이로군요." 매컬로이가 덧붙였다. "음악은 그저 존재하는 것이었으니까요."

---

https://www.radcliffe.harvard.edu/event/whatchoice-do-i-have-gabriela-montero-discusses-classicalimprovisation-composition-and-creative-dissent. —(원주)

몬테로가 미소 지었다. "네, 바로 그거예요. 늘 그랬어요. 언제나."

그렇다면, 나는 무엇을 선택할 수 있을까? 아무것도 할 수 없다고도, 뭐든 할 수 있다고도 느끼게 하는 이 질문이 몬테로의 음악 인생 구석구석을 변화시켰다. 몬테로는 다시 순회 연주회를 열면서 프로그램에 즉흥연주를 포함했다. 2000년대 초 전설적인 클래식 피아니스트 마르타 아르헤리치를 우연히 만난 것이 계기가 되었다. 몬트리올의 어느 호텔에서 몬테로의 즉흥연주를 들은 아르헤리치가 이렇게 말을 건넸다. "정말 특별하군요, 가비. 이걸 사람들에게 들려주면 어때요?" 몬테로는 얼떨떨했다. "그냥 해보세요." 아르헤리치가 말했다. 몬테로가 말하길, 그때 그 만남, 그리고 이후 몬테로가 본격적으로 뛰어든 국제 무대는 예술가로서 가장 중요한 활동을 하는 데 발판이 되어주었다. 몬테로는 2004년 정부 후원 연주회를 거부한 것을 시작으로 베네수엘라의 권위주의 정권에 반대하는 활동을 벌이고 있다. 당시 그는 싱글맘이었고 "은행 계좌에는 천 달러가 전부"였는데, 연주회에서 공연만 하면 "다시는 돈 걱정을 할 필요가 없을 것"이라는 말을 들었다. 그러나 몬테로는 자기 연주에는 값을 매길 수 없노라고 대응했다. 이후로 그는 연주회와 음반 활동을 발판으로 삼아 베네수엘라에서 일어나고 있는 일들을 세계의 관객들에게 알렸다. 치솟는 살인율, 납치와 인질 사건들, 갈수록 악랄하고 독단적으로 구는 우고 차베스와 니콜라스 마두로 정권과 그 치하에서 굶어죽어가는 사람들에 대해 이야기하며 몬테로는 자신이 '마피아 국가'라고 부르는 나라가 태어날지 모른다고 경고했다. 현재 바르셀로나에 살고 있는 몬테로는 남편 매컬로이와 함께 힘이 닿는 데까지 난민들을 돕고 있다. 자금을 모으고, 베네수엘라를 탈출할 방도를 마련하고, 난민들이 자립할 수 있을 때까지 보금자리를 마련해주는 일을 하고 있다. "진실이 밝혀지고 사람들이 역사를 알게 되는 것은 시간문제입니다." 몬테로가 말했다. 이 일에서, 그러니까 처참히 붕괴한 시스템의 공허에 맞서 자신이 도울 수 있는 사람을 돕는 일에서, 몬테로는 자신에게 선택권이 없다고 느낀다. 즉흥연주와 마찬가지로, 이는 우연이 가져오는 질서, 혹은 반대로 질서가 가져오는 우연의 문제다. 무엇이든 일어날 수 있다는 생각은, 이 방법으로밖에 할 수 없다는 깊은 확신의 감각을 끌어당기고, 무한히 깜깜한 한계 속에서 오직 한 가지 진실만을 선택하게 한다.

미래는 기억 못하고 과거만 기억하는 우리의 능력을 물리학에서 부르는 이름이 있다. 스티븐 호킹은 『시간의 역사』에서 이 능력에 '시간의 화살arrow of time'이라는 이름을 붙였다. 호킹이 '심리적 화살'[*]이라고 간주한 이것은 시간에 대한 앎의 비대칭성과

한쪽으로 치우친 기억의 불균형을 나타내는데, 두 개의 대응물을 지녔다. 그 화살들은 인간 의식의 외부에서 시간의 진행 방향에 대한 우리의 감각을 형성한다. 그중 하나가 엔트로피다. 엔트로피는 자발적이고 비가역적으로 나아가며, 그와 함께 열역학 제2법칙에 따라 닫힌계의 무질서가 증가한다. 바로 이것이 세포의 노화부터 가족의 균열에 이르기까지, 일상을 망치거나 형성하는 쇠퇴의 원인이다. 물리학에서는 달걀 껍데기 예시를 자주 드는데, 부서질지언정 재결성될 수 없음을 잘 보여주기 때문이다. 또 다른 화살은 빅뱅으로 시작해 우주가 외부로 팽창하는 방향을 이룬다. 말하자면 우주적 규모로 펼쳐지는 엔트로피다. 호킹은 인간의 기억 형성 자체가 필연적으로 우주의 엔트로피를 증가시킨다고 주장했다.* 기억의 생성과 저장을 책임지는 신경세포들을 조정하는 데 드는 에너지는 열처럼 소모되고 소멸하는데, 그 에너지의 양은 개별적 기억이 생성되어 잡힌 질서로 얻는 극소량의 에너지보다 언제나 많다. 따라서 우리가 우리 삶을 기억하는 방향이 곧 엔트로피가 증가하는 방향이며, 심리적 과거의 모든 시점은 우주 전체가 지금보다 더 질서정연했던 때와 언제나 일치한다.

 나는 즉흥연주가 어떤 식으로든 자기 나름의 시간의 화살을 체현한다고 생각했다. 즉흥연주 행위는 비가역적일 뿐 아니라 반복

---

* 호킹은 『시간의 역사』 9장 「시간의 화살」(182~195쪽)에서 이를 상세히 논한다. ―(원주) 〔『그림으로 보는 시간의 역사』, 김동광 옮김, 까치, 2021〕.

될 수 없다. 한번 연주되고 나면 그 음악은 같은 방식으로는 영영 다시 존재할 수 없다. 즉흥연주의 이러한 성격은 이미 작곡되어 완성된 클래식 음악의 정전과 나란히 놓고 보았을 때 더욱 도드라진다. 클래식 음악의 정전은 마치 존재 자체가 엔트로피에 저항하도록 만들어진 듯하다. 시간이 선형으로 흐르지 못하도록 주위를 에워싸 봉쇄하고, 우리가 그것을 기억하도록 한다. 악보가 구조와 복잡함의 가능성을 열어주어 악곡에 고차원적 무질서를 담아낼 수 있듯이, 정전이자 관습으로서 클래식 음악은 음악이 계속 만들어지고, 세계의 무질서가 증가하고, 시간 자체가 앞으로 나아가는 동안 시간의 엔트로피 힘을 물리치도록 설계되었다. 신경학적으로 보아 두뇌의 기본상태회로는 내부에서 엔트로피와 맞서 싸워 자아의 질서를 유지하도록, 즉 회로가 다스리는 정신의 여러 다양한 면모를 조직하고 그것들이 정해진 기능을 벗어나지 않게 관리하도록 설계된 듯 보인다. 신경학자 로빈 카하트-해리스와 그의 연구팀이 2014년 〈프론티어스 인 휴먼 뉴로사이언스〉에 발표한 논문 「엔트로피 두뇌: 환각성 약물을 이용한 뇌신경영상 연구로 알아보는 의식 상태 이론」에는 이런 문장이 나온다. "엔트로피는 시스템 상태의 불확실성을 측정하는 데 활용되는 무차원량無次元量이지만[,] 높은 엔트로피가 높은 무질서와 같다는 점에서 물리적 특성을 가졌다고도 할 수 있다."* 임페리얼 칼리지 런던의 신경학자인 카하트-해리스는 환각성 약물이 인간의식에 미치는 영향을 연구한다. 2014년 연구에서 그와 연구팀은 실로시빈**이라는 약물이 "평상시 기본상태회로에서 이뤄지는 고도로 조직적인 활동의 붕괴"를 유발한다는 사실을 밝혀냈다. 이 붕괴는 "구속받지 않는 인지와 덜 질서정연한(높은 엔트로피) 신경 역동"의 상태를 생성했다. 이렇게 정량화할 수 있는 자아의 분산 현상은 이로부터 오 년 후 즉흥연주를 하는 가브리엘라 몬테로의 두뇌에서 림이 측정한 것과 동일하다. (2018년 임페리얼 칼리지, 길드홀 음악연극학교, 도쿄공업대학에서 진행한 또다른 연구는 기본상태회로에만 초점을 맞춘 것은 아니었으나, 클래식 연주자들이 악보를 보며 연주하는 게 아니라 즉흥연주를 할 때 두뇌 엔트로피가 전반적으로 증가한다는 사실을 규명하기도 했다.***) 의식 변화를 유발하는 약물처럼 즉흥연주라는 약물 또한,

---

* 카하트-해리스, 로버트 리치 외, 「엔트로피 두뇌: 환각성 약물을 이용한 뇌 신경영상 연구로 알아보는 의식 상태 이론(The Entropic Brain: A Theory of Conscious States Informed by Neuroimaging Research with Psychedelic Drugs)」, 〈Frontiers in Human Neuroscience〉 8권 (2014): 17. doi:10.3389/fnhum.2014.00020. —(원주)

** 환각버섯 추출물.

*** 데이비드 돌란 외, 「즉흥적 정신 상태: 클래식 음악 레퍼토리 연주의 즉흥적 접근 방식에 대한 다학제적 연구(The Improvisational State of Mind: A Multidisciplinary Study of an Improvisatory Approach to Classical Music Repertoire Performance)」 〈Frontiers in Psychology〉 9권 (2018):1341. doi:10.3389/fpsyg.2018.01341. —(원주)

자아가 흐트러지거나 무질서의 인력과 그에 수반하는 자유에 굴복할 수 있도록 옆길을 터준다.

그러나 몬테로 공연의 구조와 체계가 명확히 보여주듯, 즉흥연주는 무작위성에 굴복하는 것이 전혀 아니다. 다른 렌즈를 통해 보면 오히려 즉흥연주는 질서의 해체가 아니라 복원이며, 시간의 화살보다 경로 적분에 더 가까워 보인다. 물론 비가역성과 한순간의 일시성은 존재하지만, 즉흥연주자가 시작과 끝 그리고 다시 시작으로 이어지며 되풀이되는 시간 속에서 지속적인 형식을 만들고 그 안에서 의미를 창조해간다는 느낌 역시 분명히 있다. 나는 몬테로의 연주를 들을 때마다 과거, 현재, 미래의 영역을 자유로이 횡단하며 경계를 무색하게 만드는 입자의 경로 적분으로 체현된 시간의 동시성을 듣는다. 따라서 즉흥연주는, 적어도 몬테로의 즉흥연주는 현실과 가능성이 동시에 존재하고 과거, 현재, 미래가 하나인 양자 우주 속 시간에 대한 메타포로 기능할지도 모르겠다. 비록 구체적이고 실제적인 경험의 차원에서 시간은 회귀 가능성 없이 미끄러지고 그대로 사라지는 듯하지만 말이다.

살다보면 때때로 누구나 되돌아간다는 감각을 느낄 때가 있다. 어쩌면 시간이 겉보기처럼 선형으로, 엔트로피적으로, 무작위적으로 흐르는 게 아닐 수도 있겠다는 감각이 찾아온다. 몬테로는 스스로 그만두기로 결심한 후에도 무작위로 발생한 일련의 운과 기회를 거쳐 음악으로 되돌아갔다. 충동적으로 왕립음악원에 지원하기로 결심했고, 우연히 마르타 아르헤리치를 만났고, 로스앤젤레스 스타벅스에서 매컬로이와 눈이 마주쳤다. 이러한 우연들은, 다른 기준에서 보자면 기어코 이렇게 될 운명이었던 이야기가 된다. 시간은 서사로서 존재하며, 기억은 엔트로피적일 뿐 아니라 즉흥적이기도 하다. 우리는 어쩔 수 없이 기억의 일부 파편을 잃게 된다. 기억이란 것은 변화하기도, 생명력을 잃기도, 또는 우리가 덜어내거나 덧입히는 대로 새로운 의미를 띠기도 한다. 시간은 각각의 순간들을 대부분 무의미하게, 그게 아니더라도 원래보다 덜 중요하게 바꾸어놓지만, 결국 인생은 그런 시간의 흐름을 통해서만 의미를 얻는다. 그리고 의미는 계속해서 변화한다. 우리는 언제나 인생의 의미를 생성하며, 살아가면서 실시간으로 과거에 대한 이해를 정리하고 다시 정리하며 그 의미를 손본다. 즉흥연주는, 삶의 모든 경험을 아우르며 마치 처음부터 그럴 운명이었던 것처럼 논리와 질서가 부여된 서사를 시간의 흐름 속에서 창조하고픈 인간의 열망을 표현한다.

몬테로의 두뇌를 연구한 연구진은 기본상태회로의 비활성화로 발생하는 몰입 상태가 보통은 자아의 일시적 유예를 뜻하긴 하지만, "GM과 같은 예술가들은 공연중 자신의 감정과 개인으로서의 정체성을 끄집어내기도 한다"라고 지적한다. 그런 감정들이 "의식적인 생각이 다루는 주대상"이 아닐지라도 말이다.[14] 래드클리프 강연에서 몬테로는 어린 시절을 이렇게 회상했다. "나에게 피아노는 늘 감정과 밀착한 도구였어요. 피아노는 변함없이 나의 친구였고, 나는 피아노에게 내 이야기를 들려주었죠. 피아노 앞에 앉을 때마다 가장 먼저 즉흥연주를 했어요. 즉흥연주는 내가 할 수 있는 것 중에 가장 자연스럽고 친밀한 행위고, 내가 느끼는 감정, 겪은 일, 주변에서 본 것을 표현하기에 가장 강력하고 감정적인 언어예요. 처음부터 늘 그랬답니다." 몬테로가 미소를 지었다. "나에게 즉흥연주는 언제나 삶을 서술하는 하나의 방법이었어요."

바로 이때, 매컬로이가 몬테로에게 뜻밖의 제안을 했다. 그는 몬테로의 어머니가 어린 딸의 즉흥연주를 녹음해둔 여러 테이프 중 하나를 몬테로 몰래 가져왔다고 했다. 초등학생 나이의 몬테로가 작곡한 짤막한 곡의 제목은 〈용감한 기수騎手들〉이었다. 매컬로이는 관객들 앞에서 "어린 시절 당신이 지은 곡을 이번에는 어른으로서 즉흥연주" 해달라고 청했다. 얼굴에 웃음이 한가득 걸린 매컬로이가 '재생' 버튼을 눌러 녹음본을 틀었다. 그는 몬테로에게 "당신이 작곡한 후로 다시 들어본 적 없을 곡"이라고 말했다. 곡의 분위기는 제법 어둡고 쓸쓸하며 호전적이었는데, 비장한 화음 위로 혼잣말하며 곡조를 고르고 흥얼거리는 어린아이 목소리가 겹쳐서 들렸다.

몬테로가 듣더니 웃기 시작했다. "〔이런 부탁을 할 거라고〕 남편이 나한테 말하지 않았다는 게 진실이란 걸 다들 아시겠네요."

녹음본은 계속 재생되고 있었다. "사실 이건 슈만 곡이거든요!" 몬테로가 웃으며 말을 이었다. 매컬로이가 우연히 고른 곡이 하필 "아마도 [유년기 연주 녹음본 중] 유일하게 나의 즉흥연주가 아닌 곡"이라는 거였다. 실제로 그 곡은 로베르트 슈만이 어린 세 딸을 위해 지은 소품곡을 엮어 1848년에 발표한 〈어린이를 위한 앨범〉에 실린 노래였으며, 제목 역시 〈용감한 기수〉였다. 몬테로는 웃음을 멈추지 못했다. "맙소사, 예닐곱 살 이후로는 한 번도 연주해본 적 없어요." 몬테로는 건반 앞에 자리를 잡더니 주제 선율을 가볍게 쳐본 다음 영감을 기다리는 듯 골똘히 위를 바라보았다. 왠지 모르게 다정함이 느껴지는 순간이었다. 관객석에서 그를 보고 있자니 문득 어린 소녀 시절의 그가 눈에 선하게 그려졌다. 드디어 몬테로가 연주를 시작했고, 그의 손끝에서부터 느린 바로크풍 푸가가 펼쳐졌다. 원래의 주제 선율이 자기보다 더 오래된 시절의 유물로 변모하는 순간이었다. 몬테로는 분명히 슈만 곡을 즉흥연주하고 있었지만, 동시에 어린 시절의 자신을, 이제는 사라져 기억으로 남은 것들의 파편을 즉석에서 바꾸고 있었다. 창조는 결국 회상이며, 회상은 감정의 우주에 들어가는 것, 더이상 담을 수 없을 때까지 시간 속에 시간을 개켜 넣는 것이다. 최초의 갑작스러움, 뒤따르는 흐름, 불의 강, 희열의 어귀, 단 한 번의 분열과 황홀의 순간. 태초에 노래가 있었던 것처럼, 침묵을 깨뜨리고 심연을 뒤덮으며 우주로 터져나온 빅뱅과 같은 형식의 창조는 어느 고차원적인 계획이었을까, 아니면 우주의 위대한 주사위 던지기였을까.

대칭 붕괴

> 삶과 마찬가지로 예술은 엄격한 대칭을 뭉개고,
> 풀어내고, 바꾸고, 심지어 붕괴하고 싶어한다.
> 그러나 비대칭이 순전히 대칭의 부재인 경우는 드물다.
> 인간은 비대칭적인 설계에서조차
> 비형식적인 특징의 힘이 발휘하는 영향력 아래서
> 일탈하는 규범으로서의 대칭을 느낀다.
> ―헤르만 바일, 『대칭』

 열일곱 살의 어느 겨울밤. 나는 이번주 며칠 내내 그랬듯 엄마를 깨우러 갔다. 새벽 한시, 집은 고요하다. 엄마는 어린 에이든이 침대 가장자리에 남겨놓은 헝클어진 여백에 웅크려 자고 있다. 곤히 잠든 에이든의 팔과 한쪽으로 비죽 나온 엉덩이가 만들어낸 각도에 맞춰 몸을 구겨넣은 채로. 가끔 엄마는 에이든을 침대에 눕히고 잠들 때까지 등을 두드려주다가 깜빡 잠들곤 한다. 에이든은 대각선으로 팔다리를 쭉 뻗고 있다. 엄마는 혹시라도 에이든이 깰까봐 그대로 둔다. 에이든은 이제 다섯 살이다. 엄마가 얼마나 불편하게 선잠을 자는지, 얼마나 쉴 시간이 부족한지 알 나이가 아니다.

검푸른 겨울밤에 이렇게 엄마를 유심히 내려다볼 기회는 이제 흔치 않다. 엄마는 곧장 떨어질 것처럼 침대 끄트머리에 겨우 몸을 누이고 있지만, 잠잘 때만 오롯이 혼자일 수 있는 사람의 깊고도 평온한 숨소리를 새근거린다. 어둠 속 엄마의 이마가 반질거린다. 침대 옆 창문의 거미줄 같은 실금은 굴절된 가로등 불빛을 받아 반짝인다. 방안까지 들어온 침침한 불빛에 기대어 엄마의 얼굴을 찬찬히 살핀다. 두 눈 아래 보드랍고 지쳐 보이는 골짜기, 그곳에 엄마가 묻어둔 슬픔의 그림자가 고여 있다.

엄마를 깨우기가 망설여진다. 원하는 걸 얻으려 움직이던 손이 어둠 속에서 멈칫한다. 오늘 엄마는 너무 피곤해 보여. 다섯 살 동생은 모르겠지만 엄마는 이제 몇 시간도 남지 않은 새벽 다섯 시 반에, 다른 가족들보다 한 시간 일찍 일어나야 한다. 이른아침은 살을 에듯 추울 것이다. 엄마는 스토브를 켜고 푸른 불꽃이 주방 공기를 덥히는 동안 얼어붙은 손가락을 놀려 아침을 지을 것이다. 자식들이 일어날 때쯤이면 집에 온기가 돌 테니, 조금씩 힘겹게 녹아내리는 추위를 견딘다.

에이든 방에 있는 시계의 작은 시계추가 까딱인다. 엄마를 깨울까, 아니면 그냥 둬? 이기적인 딸이 될래, 착한 딸이 될래? 그렇게 몇 초가 더 조급하게, 무심하게 흐른다.

다시 엄마를 살핀다. 호흡이 무척 고르다. 잘 때조차 엄마는 조심성이 많고 자기를 내세우는 법이 없다. 이 시간이라도 가만히 둬야 해.

그러나 나는 기어코 몸을 숙여 속삭인다. "엄마, 나랑 같이 연습하지 않을래요?"

엄마도 나처럼 어릴 때 바이올린을 켰다. 다른 점이 있다면, 엄마에게 그것은 선택의 문제가 아니었다는 거다. 엄마의 가족이 1966년 서울을 떠나와 정착한 덴버 외곽의 도시 아베다에서는 공립학교에서 저렴한 악기들을 모아다 오케스트라 수업 프로그램을 무료로 운영했다. 엄마는 자연스럽게 그 수업을 듣게 되었다. 외할아버지와 외할머니도 엄마가 바이올린을 연주하길 바랐다. 딸에게 레슨 교사를 붙여주거나 바이올린을 사줄 형편은 못 되었으나, 두 분은 클래식 음악을 참 좋아했다. 처음 바이올린을 배우기 시작했을 때 엄마 나이는 아홉 살이었다. 신동이 아니고

서야 프로 바이올리니스트가 되기에는 너무 늦은 나이다. 엄마의 가족이 아는 집 딸은 엄마 또래의 한국인 소녀였는데, 두 살에 바이올린을 시작해 나중에 줄리아드에 입학했다. 엄마가 동요 〈핫 크로스 번스 Hot Cross Buns〉를 배울 무렵 그 소녀는 모차르트 협주곡을 연주했다. 엄마는 8학년이 되어서야 개인 레슨을 받기 시작할 수 있었고, 고등학교에 올라가서야 마침내 삼백 달러짜리 바이올린을 가졌다(참고로 공장에서 양산되는 연습용 바이올린의 평균 가격이 수천 달러쯤 한다). 어느 정도 시간이 흘러 엄마가 바이올린을 관둔 것 또한 선택의 문제가 아니었다. 외할아버지가 돌아가신 후로 엄마는 고등학교에 다니는 동안 열심히 돈을 벌어야 했고, 졸업반에 올라갔을 때는 도무지 바이올린을 연주할 시간이 나지 않았다.

바로 이 지점에서 이민자의 신조가 힘을 발휘한다. 자기가 누리지 못한 것을 자녀들에게만은 주어야 한다는 신념 말이다. 엘로이즈, 엘리엇, 에이든, 그리고 나까지 우리 사 남매는 다섯 살쯤부터 악기를 배웠다. 엘로이즈와 나는 바이올린을, 엘리엇은 첼로를, 막내 에이든은 바이올린과 비올라를 켰다. 우리는 크리스마스 날만 빼고 하루도 빠짐없이 연습했다. 딱히 불만도 없었던 것이 우리집에선 그게 당연했기 때문이다. 음계, 아르페지오, 연습곡, 새로운 곡, '복습' 곡, 언제나 이 순서로 매일 엄격한 연습을 반복했는데, 토요일마다 '스즈키 어린이'와 '스즈키 학부모'*를 위해 운영된 덴버영재교육(Denver Talent Education) 프로그램의 영향이었다. 나는 일곱 살 때, 여동생 엘로이즈는 다섯 살 때 엄마 손에 이끌려 그 프로그램에 참가했다. 장소는 사우스 덴버에 있는 휑한 루터교회였는데, 토요일 아침이면 작은 바이올린, 첼로, 비올라를 챙겨온 백여 명의 학생으로 북적였다. 대부분이 아시아인이거나 우리처럼 아시아 혼혈이었다. 그리고 우리처럼 아시아 혼혈인 아이들은 십중팔구 아시아인 양육자가 동행했다. 지금 생각하면 참 아름다운 풍경이었다. 어린아이들이 모여서 〈반짝반짝 작은 별〉을 연주하면 그 수많은 변주가 하나로 어우러졌다. 나는 그곳에 엄마와 함께 있는 게 정말 좋았다. 나를 지켜보는 엄마의 시선을 느끼며 연주할 때면 스스로가 자랑스러웠고, 엄마의 존재만으로 든든했다. 토요일 아침은 우리가 함께하는 특별한 시간이었다. 한번은 그룹 수업을 듣는데 엄마가 차에서 물건을 가져오려고, 아니면(나보다 독립적인 성격이어서 엄마가 수업을 참관하든 말든 상관하지 않았던) 동생 엘로이즈를 보고 오려고 잠깐 자리를 비운 적이 있었다. 나는 끽끽거리는 작은 바이올린들과 함께 헨델이 지은 〈유다스 마카바이우스〉의 주

---

* 음악 교육자 스즈키 신이치가 20세기 중엽에 개발한 스즈키 교육법은 "언어 습득의 기본 원칙을 음악 학습에" 적용하는 국제 기악 커리큘럼으로, 부모의 "애정어린 격려"가 더해진다면 악기 연주는 "모든 아이가 배울 수 있는 것"이라는 믿음에 토대를 두고 있다. '스즈키 교육법 소개(About the Suzuki Method)', suzukiassociation.org 참고. ―(원주)

제 선율을 합주하며 훌쩍였다. 웃는 인상의 삼십대 여자 강사가 서둘러 곁으로 다가와 다정하게 말을 건넸다. "오늘 아침은 기분이 별로니?" 나는 서러운 숨을 한번 더 삼키고, 하던 연주를 계속했다.

그러니까 그 시절이 엄격함으로만 채워진 건 결코 아니었다. 그때를 고되기만 했던 시절로들 생각(오해)할까봐 노파심에 덧붙이자면, 우리는 정말로 음악을 사랑했다. 나와 내 동생들에게는 온 세상이 곧 음악이었고, 음악이 곧 색깔이었다. 이른아침 바깥에서 작업하는 소형 착암기 소리는 C장조의 빛깔로 울리며 지면에 닿을 때마다 짙은 음색의 A와 B 음높이를 오갔고, 비행기 엔진이 돌아가는 소리는 거무스름한 보라색 E 플랫, 나와 동생이 함께 쓰던 방 창문 바깥의 새소리는 푸른색이었다.* 엘로이즈는 서너 살쯤 가사를 모르는 노래에 음이름을 대신 넣어 부르곤 했다. 우리는 그냥 자연스럽게 그럴 줄 알았다. 엄마는 그런 우리의 모습을 무척이나 좋아했고, 또 감탄했다. 나는 스즈키 연습 때 바흐

---

* 공감각(共感覺)은 전 세계적으로 이만 명 중 한 명, 많게는 이백 명 중 한 명에게 영향을 미친다고 추정되며, "한 가지 [감각] 양식의 자극이 동시에 다른 양식의 감각을 일으킬 때" 발생한다. 토머스 팔머리 외, 「공감각이란?(What is synesthesia?)」, scientificamerican.com 참고. 감각들이 영역을 공유하며 상호 작용하는 대표 사례로는 숫자와 문자를 구체적인 색상과 연결 짓는 것(자소-색 공감각), 소리를 색상과 연결 짓는 것(색청 공감각), 일련의 숫자 배열을 공간 내 형태 배열로 시각화하는 것(공간-배열 공감각), 단어를 고유한 맛으로 인지하는 것(어휘-미각 공감각) 등이 있다. —(원주)

의 〈두 대의 바이올린을 위한 협주곡〉이나 코렐리의 〈라 폴리아〉에서 각 조표가 어떤 색깔을 나타내는지 엄마에게 이야기하곤 했다. 우리는 그 색깔들을 활용해 여러 구간과 조바꿈의 순서를 암기했다. 엄마에게도 음악을 기억하는 자기 나름의 메타포와 심상이 있었다. 이를테면 눈보라 구간, 새떼의 비행을 닮은 상행선, 기도하는 듯한 구간 등등. 이십 년이 흐른 지금도 그때 그 곡들을 연주하거나 다시 들을 때면 엄마가 말해주었던 메타포들이 떠오르고, 그때 그 색깔들이 들려온다. 지금 내가 이것들을 말하는 이유는, 누구의 눈치도 보지 않았던 어린 시절의 나에게 음악은 하나의 감각과 다른 감각이, 하나의 사랑과 또다른 사랑이 공감각적으로 충돌함으로써 내가 세상을 인식하는 방식이었으며, 그게 내가 음악을 사랑하는 이유였기 때문이다. 그리고 그 세상의 중심에 엄마가 있었다.

그 시절 어린 나이에도 나는 엄마가 나에게 얼마나 헌신적인가를 알고 있었다. 다만 그 정도와 비용에 관해서는 알지 못했다. 내가 좀더 나이가 들었을 때 엄마가 나의 덴버영재교육 연주회 준비를 도왔던 일을 기억한다. 크리스마스 때여서 학생들은 검은색, 흰색, 빨간색 옷을 차려입어야 했다. 엄마는 D장조처럼 밝은 빨간색 원피스를 사주었다. 앞면에는 나비 모양 리본이 달려 있었다. 엄마는 자부심이 그득한 눈으로 나를 보고 웃으며 버튼을 잠가주었고 주름 잡힌 치마를 매만져주었다. 나는 괜히 못된

표정을 지으며 반짝이는 검은색 메리제인 신발을 쿵쿵 내리찍었다. 그게 무슨 의미인지 몰라서도 아니었고, 화가 나서도 아니었다. 말하자면 아이들이 잔인함을 드러내는 일종의 실험이었다. 목적은 하나, 내가 엄마에게 얼마나 상처를 줄 수 있는지 궁금해서였다.

 엄마는 주고, 나는 받는다. 우리의 관계는 언제나 이 불균형한 방정식으로 작동했다. 비대칭성의 평형 상태. 이 이야기가 시작하고 끝나는 해, 그러니까 내가 열일곱 살이었던 그해에 나는 치열하게 노력하고 있었다. 매일 새벽 두세시까지 바이올린 연습에 매진했다. 팔이 더이상 말을 듣지 않고 눈꺼풀이 저절로 감기려 할 때까지 연습을 이어갔다. 나의 연습실은 우리 가족이 '서재'라고 부르던 방이었는데, 쓰지 않는 벽난로 양쪽으로 책꽂이 두 개가 대칭으로 서 있었다. 나는 오른쪽 책꽂이에 놓인 거울 앞에 서서 바이올린을 연습하는 나 자신을 보았다. 내 뒤편에는 큰 창문이 있었다. 거울 속 반사된 사물들의 풍경. 이것이 나의 밤을 이루었다. 어느 각도에 서면 엄마의 아빠인 '할아버지'의 흑백 사진이 눈에 들어왔다. 우리는 그분을 부를 때 한국어로 할아버지라는 호칭을 썼다. 할아버지는 책꽂이 위에서 나와 시선을 맞추었다. 다른 편 책꽂이에는 할아버지와 할머니, 그리고 아홉 살이던 이모, 세 살이던 엄마가 서울에서 미국에 도착한 날 찍은 사진이 있었다.

그해 밤마다 엄마는 에이든을 재우러 가기 전에 내 연습을 도와주겠다고, 자기가 잠들었더라도 도움이 필요하거든 깨우라고 했다. 거의 아침이 되어가는 매서운 새벽, 집이 온통 고요한 그 시간에 나는 엄마를 깨워서는 안 되었다. 그때는 엄마가 가만히 있어도 괜찮은, 누구도 엄마의 관심을 요란하게 요구하지 않고 이런저런 부탁으로 엄마를 괴롭히지 않는 얼마 안 되는 순간이었으니까. 하지만 나는 자정이나 새벽 한시가 되면 어김없이 까치발을 하고 계단을 올라 에이든의 방으로 들어가 엄마의 어깨를 두드렸다. 엄마를 깨우기 전에 왜 그렇게 애써서 소리를 죽였는지는 모르겠다. 엄마는 워낙 얕게 잠들어 있어서 금방 깼다. 나는 여러 가지 변명을 낮고 다급하게 속삭였다. "이 악절이 잘 안 풀려요. 중음을 잘 못 맞추겠어요. 관객한테 이 프레이징이 어떻게 들릴지 모르겠어요. 엄마가 듣고 어떤지 말해주면 안 돼요?" 매번 도움이 필요하다는 구실로 엄마를 깨웠던 건 진짜 원하는 것을 말하기에는 너무 죄책감이 들어서였다. 사실 나는 어둠 속에 혼자 있는 게 싫었고, 엄마가 곁에 있어주기를 바랐다. 내가 바이올린을 연주하고, 심지어 잘 해내면 엄마가 행복해할 테니 나 스스로 엄마를 깨울 변명거리를 찾아냈던 것인지도 모르겠다. 나는 엄마에게 얼마나 열심히 노력하는지를 보여주고 싶었고, 레슨을 허투루 받지 않았음을, 무엇보다 엄마의 희생이 헛되지 않았음을 증명하고 싶었다. 엄마는 단 한 번도 나에게 그런 보상을 요구한

적이 없지만, 나는 늘 빚진 느낌이 들었다.

    아마도 나는 어쩔 도리가 없었던 것 같다. 이때 내가 사랑한 엄마는 나의 엄마이자 우리 사 남매를 위해 인생을 바친 여자다. 그런데 나이를 먹으면서는 이런 생각이 든다. 누군가를 올바르게 사랑하는 법, 즉 자기 자신을 적당히 내어주는 법을 배우려 하다 보면, 결국 사랑의 중심에 있는 무시무시한 비대칭성을 발견하게 되는 것 아닐까. 어린아이 손안에서 계속 돌아가는 만화경 속에서 수정같이 맑은 대칭의 순간이 맺혔다가 도로 깨어지고 새로운 풍경으로 바뀌는 것처럼, 사랑이라는 것도 과거와 미래, 자아와 타인, 너와 나 사이 경계의 허약함을 적나라하게 드러낸다. 변치 말아야 할 이 대칭들이 어째서 깨지고, 재형성되고, 그러다 또다시 깨지고, 그러면서 이타심과 이기심의 분리를 불가능하게 만드는 것일까?

    남들은 희생적인 우리 엄마의 이타심을 곧이곧대로 받아들여 엄마에게 아예 자아가 없는 게 분명하다고 결론지었다. "너희 엄마 혹시 타이거 맘Tiger Mom 아냐?" 고등학교 때 나처럼 바이올린을 연주하던 백인 친구가 물은 적이 있다. 2012년 그해, 미국은 에이미 추아의 회고록 『타이거 마더』로 여전히 시끄러웠다. 이 책의 일부는 그 일 년 전 〈월스트리트 저널〉에 '중국인 엄마들이 우월한 이유'라는 제목으로 소개되기도 했다. 나의 엄마는 한국인이지만, 책의 핵심 용어인 타이거 마더는 어느덧 대중 언어로 자리잡아 엄마와 비슷하게 생긴 아시아인 엄마들을 죄다 집어삼킨 후였다. 타이거 마더는 학업과 클래식 음악에서 아이들이 탁월한 성과를 내도록 혹독한 연습과 공부를 강요하는 아시아인 엄마의 상징이 되었다. 추아는 타이거 마더 양육을 극단으로 밀어붙여 딸들이 곡 연습이나 공부를 게을리하면 장난감을 불태우거나 기부하겠다고 으름장을 놓는다고 했고, 이 내용이 사람들의 반발을 샀다. 우리 엄마는 절대 그런 사람이 아니었다. 하지만 백인 엄마들은 발표회가 끝나면 나와 내 동생들을 찾아와 처음에는 가볍게 칭찬을 몇 마디 하다가 꼭 이런 식으로 감탄했다. "너희 엄마는 어쩌면 이렇게 너희를 잘 연습시킨다니!" 그리고 약간 짜증이 묻어나는 투로 이렇게도 덧붙였다. "너희 엄마도 자기 시간을 좀 보내야 하지 않을까?" 하루는 내가 지역 오케스트라 연주회에서 생상스의 〈바이올린 협주곡 3번 B단조〉를 공연하게 되었는데, 파마머리를 부분 염색하고 보라색 뱀가죽 가방을 든 여자가 분장실에서 나가려는 나를 급히 한쪽 구석으로 데리고 갔다. "우리 애들도 악기를 한단다. 물론 너만큼 잘하진 않아. 나는 그렇게 연습시킬 수 없거든. 그렇게 강압적이고 싶지도 않고. 너희 엄마는 매일 너를 연습시키는 모양이구나……" 바이올린이 든 가방과 엄마가 선물한 꽃다발을 챙겨 엄마와 나란히 교회 공연장을 나서는 길, 공연 안전요원으로 나와 있던 친절한 카운티 경찰관이 엄마를 보고는 이해했다는 듯이 넉살 좋게 말을 건넸다. "아, 그러니까 너는 혼혈이구나!" 좋은 저녁을 보내라는 인사를 곁들이며.

돌이켜보면 클래식 음악에만 그렇게 매달렸던 것이 지극히 전형적인 아시아인의 행동이긴 했다. 그 점에서 우리 가족은 그림으로 그린 듯 빤했다. 네 명의 혼혈아가 저마다 검은색 악기 가방을 등에 메고서 한국인 엄마 손에 이끌려 오케스트라 연주회와 연습을 다녔다. 우리를 은근히 비꼬는 말이나 모욕을 이따금 듣긴 했으나, 나에게 음악 자체는 단 한 순간도 인종차별적으로 느껴지지 않았다.* 중요한 것은 바이올린을 잘 연주하는 것뿐이었다. 나는 공연을 마치고 차에 타는 순간부터 엄마에게 내가 어느 부분을 잘했고 어디를 더 손봐야 하는지 말해달라고 닦달하며 엄마의 비평과 진심어린 관심을 요구했다. 자신이 좋아하고 선택한 진로에 부모 역시 전적으로 헌신하고 있음을 아는 것만큼 아이에게 안정감을 주는 일이 또 있을까?

---

* 물론, 그렇지 않은 경우도 많다. 특히 서양 클래식 음악의 태동지이자 정전을 남긴 작곡가들을 대거 배출한 유럽에서 아시아인 음악가가 공연할 때는 사정이 다르다. 첼리스트 요요마는 2020년 데이비드 마르케이지와 진행한 〈뉴욕 타임스 매거진〉 인터뷰에서 "이십대 초반 정기적으로 유럽 연주회를 다니기 시작했을 때만 해도 가장 많이 받은 질문이 '당신 같은 아시아인이 어떻게 음악을 이해하나요?'였다"라고 회고했다. —(원주)

엄마는 할아버지가 돌아가신 후로 그런 안정감을 얻은 적이 없었다. 엄마의 엄마, 그러니까 나의 할머니는 딸들을 사랑하셨으나 부모로서 제 역할을 다하지 못했다. 심한 우울증을 앓기도 하셨고, 남편이 세상을 떠난 후로 여러 일을 하며 돈을 벌어야 했기 때문이다. 엄마가 기억하기로 가끔 할머니는 퇴근하자마자 곧장 자기 방으로 들어가곤 했다. 엄마와 이모는 닫힌 방 너머로 웅얼대는 텔레비전 소리를 들었다. 그런 날에는 두 자매가 스스로 집을 청소했고 밥을 지은 다음 각자 숙제를 마쳤다.

한국어 표현 중에 열심히 하겠습니다라는 말이 있다. 새로운 일을 맡았을 때 진지하고 진심어린 각오를 전하는 말로 "성실히 일하겠습니다. 최선을 다하겠습니다" 같은 뜻이다. 엄마는 할아버지가 돌아가시고 난 후 자기가 할 수 있는 선택은 열심히 하는 것뿐이었다고 했다. 치어리딩이나 오케스트라 연습, 또는 회장을 맡은 다섯 개 동아리 모임을 마치고 나면 식당으로 가서 서빙을 했고, 집으로 돌아와서는 밀린 숙제를 하느라 날마다 새벽 두세 시까지 깨어 있었다. 아배다웨스트고등학교의 상담교사는 문제를 느끼고 할머니를 몇 차례나 호출해 진지하게 당혹과 염려를 내비쳤다. "이렇게 열심히 일하는 학생을 우리는 본 적이 없어요. 애가 식사는 하나요? 쉬기는 해요?" 집으로 돌아가는 길, 할머니는 눈을 굴리며 한숨을 쉬었다. "순희야, 그냥 B 정도만 받으면 안 되겠니?"

엄마가 오래전 들려준 이 이야기는 여전히 메아리치고 있다. 나의 엄마는 물론 아시아계 미국인 엄마들을 싸잡아 비판한 타이거 마더 담론 속에서 나는 그 메아리를 듣는다. 추아의 책은 2011년 소소하게 문화전쟁을 일으켰다. 추아에게 인종차별적인 이메일과 살해 협박이 쇄도했고, 미국에서 '올바른' 양육이 뭔지를 두고 가시 돋친 인터뷰와 사설 공방전이 이어졌다. 추아의 양육 모델을 앞장서서 비판한 사회학자 크리스틴 카터는 〈허핑턴 포스트〉 기고문에서 "추아는 실패와 실망에 대한 공포에 뿌리를 내린 완벽주의로 추동되는 삶을 조장하고 있다"라며 그러한 삶은 아시아식 양육을 받은 아이들에게 "잔인한 형태의 불행"[1]을 가져다줄 뿐이라고 지적했다. 작가 아엘릿 월드먼도 이와 유사하면서 좀더 유머러스한 반응을 내놓았다. 그는 〈월스트리트 저널〉에 '죄책감과 양가감정, 바쁜 업무에 시달리는 서양 엄마를 변호하며'라는 제목으로 추아에게 반대하는 글을 실었는데, 자기는 자녀들이 "원하면 아무때나, 특히나 연주회를 앞두고 패배주의가 엄습하거든 당장이라도 피아노와 바이올린을 관둬도 된다는 주의다. 그래야 내가 귀한 남의 집 아이들이 진부한 청소년 레퍼토리 곡을 꾸역꾸역 연주하면서 듣기 싫게 끽끽거리는 소리를 듣느라 고통받지 않아도 되기 때문이다"[2]라고 말했다.

아이들이 원하면 그만두고, 실패를 맛보고, 스스로 자기 길을 모색하도록 두는 게 더 나은 걸까? 물론이다. 하지만 내가 볼 때 이러한 비판이 놓친 지점이 있다. 자녀를 가차없이 몰아붙이는 아시아인 엄마에 대한 고정관념으로 미국 사회에 자리잡은 추아의 방법론은 이민자 경험과 밀접하게 관련있는 동시에 그 무게를 드러내 보여준다. 엄마의 한국인 친구가 대학 시절 이런 말을 했다고 한다. "우리가 남들의 반만큼이라도 인정받으려면 지금보다 두 배는 더 잘해야 한다"라고. 사실이었다. 미국의 아시아인 부모들은 "실패와 실망에 대한 공포"를 두 배로 느낀다. 그래서 '타이거 마더'라는 딱지를 감수하고라도 동양식 양육 철학을 충실히 따르고 자녀에 대한 기본 책임이라 여기는 것을 완수하려고 한다. 그게 아니면 동화同化라는 명목으로 자유방임에 가까운 서양식 양육법을 받아들여 자신들의 문화적 과거를 끊어낸다. (부유한 백인 부모를 둔 자녀들은 상대적으로 실패를 감당할 여유가 있다는 것이 우리 미국의 현실이기도 하다.) 그러므로 자식 농사를 잘 짓는 것의 중요성은 미국에 거주하는 아시아인 엄마에게, 또 그의 자녀에게 훨씬 더 심각하고 복잡한 문제다. 자기에게 주어진 기회를 최대한으로 이용하지 못하면 가족의 희생이 모두 물거품이 되었다. 그러니 막막해 보여도 안간힘을 써서 악착같이 기회를 붙잡아야만 한다. 비록 그러는 과정에서 자신은 계속 불어나는 고정관념에 들러붙은 이름 없는 얼굴이 되겠지만, 미국 사회에서 소속감을 느끼지는 못하더라도 그럭저럭 생존할 방법은 찾아낼 수 있을 것이다.

이러한 현실은 아시아인 부모를 두었으며 클래식 음악을 하는 전형적인 아시아인에게 특히나 자명하다. 더구나 이 이미지는 대체로 사실이어서 더욱 곤란하다. 아시아인 혈통의 음악가들은 거의 언제나 부모의 희생과 노력을 거름으로 성공하며, 줄리아드나 커티스 음악원과 같은 미국 일류 음악원에서 어김없이 학부생의 십오 퍼센트에서 많게는 사십 퍼센트를 차지하고 있다.[3] 그러나 2016년 미국교향악단연맹이 실시한 다양성 보고서에 따르면, 프로 오케스트라 단원 가운데 아시아인 또는 태평양 제도민이라고 스스로 규정한 비율은 구 퍼센트에 불과하다.[4] 클래식 음악계를 지배하는 집단은 여전히 백인층으로, 2007년 학자 마리 요시하라는 저서『다른 나라에서 온 음악가들Musicians From a Different Shore』에서 이미지와 현실 사이의 비대칭성이 시사하는 지점을 기민하게 짚고 넘어간다. "클래식 음악계를 아시아인이 장악했다는 과장된 인식은 아시아인 음악가들이 그만큼 인종적으로 구분되고 있음을 의미한다"[5]라는 것이다. "클래식 음악이 서양의 고급문화와 이어져 있고, 클래식 음악을 공연하기까지 다년간의 엄격한 훈련이 필요한 까닭에, 이 분야에서 아시아인들이 거둔 성공은 유럽-미국 문화에 대한 그들의 동화를 증명한다고," 그들이 "모범적 소수, 즉 열심히 일해 기존 사회 구조에서 높은 지위에 오르고, 경제와 정치의 현상 유지에 직접적 위협을 가하지 않으면서 서양 문화에서 성공한 사람들"[6]로 사회에 통합되었음을 말해준다고 여겨질 때가 많다.

그렇다면, 개인의 목소리를 내고픈 욕망과 동화의 욕망이 충돌하면 무슨 일이 생길까? 선택의 여부와 무관하게 어려서부터 클래식 음악을 연주할 때의 문제는 결국 그 음악을 사랑하게 된다는 데 있다. 모두가 그런 것은 아니지만, 우리 같은 사람들은 어느 순간부터 갑자기 만족을 모르게 된다. 어지러워지고, 숨이 차고, 거의 취한 듯 음악에 집착하게 된다. 그리고 정확히 고정관념대로 놀아나고 있다는 사실을 스스로 알면서도, 어쩔 도리 없이 계속하게 된다. 자신의 일부를, 자기 부모의 일부를 그렇게 쏟아부어놓고, 함께 잠도 포기해가며 그 괴로운 밤들을 다 보내놓고, 이 일을 사랑하게 된 참에 이제 와 관둘 수는 없는 것이다.

그러나 클래식 음악계로 진입하는 아시아계 미국인의 수만큼이나 피치 못하게 악기를 내려놓고 떠나가는 사람도 많다. 엄마는 후자에 속한다. 고등학교 졸업반이 되었을 때 엄마는 돈을 벌고 대학에 진학하는 데 집중하느라 결국 바이올린을 관뒀다. "어차피 기회는 없었을 거야. 그렇게 잘하지 못했거든." 엄마는 늘 이렇게 말하곤 했다. "하지만 내가 잘하는 게 하나 있었는데, 바로 활 잡기였어. 학교 트럼펫 선생님에게 처음 바이올린을 배웠는데, 어찌된 일인지 그 선생님은 완벽하게 바이올린 활 잡는 법을 알고 있었지." 엄마는 웃으며 고개를 저었다. "이상한 일이었어. 그래도 덕분에 모차르트 협주곡 협연까지는 할 수 있었어. 그

이상은 무리였지. 기술이 부족했거든. 너무 늦게 시작한데다 악기의 한계도 컸어."

이 글을 쓰는 지금의 나는, 마치 엄마가 나를 통해 실패한 자기 꿈을 되살리고 끝내 이루지 못한 음악가의 삶을 실현하려는 것처럼 보이리라는 것을 안다. 하지만 그건 사실이 아니며, 사실일 수도 없다. 엄마의 꿈은 단 한 순간도 절박한 헌신이거나 자기중심적이고 이기적인 욕심이었던 적이 없다. 엄마가 우리를 연습시킨 이유는 우리에게 자기를 투영하기 위해서가 아니었다. 엄마는 레슨이나 연주회 때 언제나 우리 뒤에만 머물렀고, 우리가 선생님, 지휘자, 관객 들과 대화를 마칠 때까지 보이지 않는 곳에서 묵묵히 우리를 기다렸다. 아마도 엄마는 우리가 무언가를 유능하게 해내고 우리가 원한다면 그 일을 계속할 수 있을 것임을, 형편없는 악기나 너무 적게 또는 늦게 습득한 기술로 발목 잡힐 일은 없을 것임을, 설령 여기서 관두더라도 더 열심히 노력할 수 있지 않았을까 후회하지 않을 것임을 우리에게 느끼게 해주고 싶었던 것 같다. 엄마는 그런 쓰라린 후회를 느끼며 살았다. 하지만 음악을 포기한 후에는 되돌아볼 시간조차 없었다. 엄마는 하버드대에 입학해 영어를 전공했고, 신입생 식당에서 머리망을 뒤집어쓰고 교대 근무로 배식하는 일을 했다. 졸업 후에는 하고 싶은 일보다 현실을 좇아 로스쿨에 입학했고, 이후 변호사, 연방 검사, 행정법 판사가 되었다(지금도 엄마는 아시아인에 대한 또다른 고정관념마저 자신이 실현했노라고 가끔 농담하곤 한다).

하버드 졸업을 앞둔 4월의 어느 날, 엄마가 본 아빠는 무방비한 모습이었다. 아빠는 아무도 자신을 보지 않는다고 생각해 겨드랑이 냄새를 킁킁대며 안뜰 회랑을 지나고 있었다. 아빠는 엄마와 전혀 다른 세상에서 온 사람이었다. 아빠의 세상은 은제 커피 스푼이 있고 북적임과 간질거리는 웃음소리가 끊이지 않는 북해안 칵테일파티로 이뤄진 수정체였고, 그 안의 뉴잉글랜드 명문가 사람들은 태어나면서부터 얻은 불가사의하고 모호한 권리에 자신만만해하며 세인트폴에서 하버드로, 마서스비니어드섬으로, 그러다 다시 반대 방향으로 안락한 사회를 끝없이 옮겨다녔다. 개인자산관리사와 매사추세츠주 에식스 가문의 상속녀인 아빠의 부모님은 아들이 '동양인'과 결혼한다는 소식에 그야말로 충격에 빠졌다. 아빠와 팔짱을 끼고 벨벳 차림의 사람들 사이를 지나는 엄마를 상상해본다. 무표정하고 오만한 얼굴들은 아빠를 반기지만 엄마 쪽은 거의 쳐다보지도 않았을 것이다. 아빠가 부모님의 친구들이나 세인트폴고등학교 동창들과 담소를 나누러 가면 엄마는 아빠 체면을 구기지 않게 몇 달씩 돈을 절약해 장만한 검은 원피스 차림으로 한쪽 구석에 외롭게 서 있었을 것이다. 그 자리의 와스프*스러운 백인 사람들 가운데 유일하게 아시아인인

---

* WASP. 'White Anglo-Saxon Protestant'의 줄임말로 미국 사회 주류를 이루는 앵글로색슨계 백인 개신교도를 가리킨다.

엄마에게 다가와 빈 와인잔을 건네고 코트를 들게 하는 사람들도 더러 있었을 것이다. 저편에서 들려오는 콰르텟 연주에 필요 이상으로 집중하며 편안한 척하는 엄마의 모습도 상상해본다. 눈에 띄기를 묵묵히 바라지만 동시에 누군가 자기를 발견하고 사기꾼이라 손가락질할까봐 두려워하는 엄마. 저명한 아빠 가문의 울타리가 약간의 보호막이 되어주리라고, 아빠의 성姓이 미래의 자녀들을 차별로부터 막아주리라고, 그자들이 노블레스 오블리주의 정신을 넓게 발휘해 자신과 같은 이민자를 포용해주리라고 믿었던 것은 엄마의 착오였다. 엄마는 1988년에 아빠에게 청혼받았다. 그때도 의구심은 들었다고 했다. 엄마가 스쿠터 충돌사고로 하마터면 목숨을 잃을 뻔했을 때도 아빠는 병원에 나타나지 않았으니까. 하지만 자신이 어떻게 그런 남자를 거절할 수 있었겠느냐며 엄마는 언젠가 내게 울면서 물었다.

아빠는 2016년 가을에 우리 가족을 영영 떠나 자기와 수준이 맞는 매사추세츠주 가문 출신의 여자와 재혼했다. 아빠는 떠나면서 어쩔 수 없다고, 실은 너희 엄마를 한 번도 사랑한 적이 없다고 했다. 그리고 엄마가 정신적으로 병들었다고 했다. 엄마 몰래 정신병 진단을 받아내려고 전국을 돌아다니며 정신과의사들과 접촉하기까지 했다. 아빠 주장에 따르면 엄마의 병명은 "완벽한 엄마가 되려는 것"이었다. 아빠는 우리 남매가 음악을 하는 것을 늘 끔찍이도 싫어했다. 그게 아득바득 노력하는 '중산층' 이민자의 면모라고 생각해서였다. (아빠의 마음에 들기 위해서였지만, 어쨌든 엄마는 공평하게 아빠가 하는 축구와 라크로스를 배우게 했다. 그러나 우리 사 남매는 축구도 라크로스도 좋아하지 않았다. 특히 나는 두 종목에서 부끄러울 만큼 형편없었다.) 나는 지금도 바이올린을 갖고 차에 올라탈 때면 아빠의 목소리가 생생하게 떠오른다. 엘로이즈와 내가 콰르텟 연주를 하러 각자 악기와 접이형 악보 스탠드를 챙기고, 엄마가 우리의 악보 바인더와 연습 노트, 그리고 바람 부는 야외에서 연주할 상황을 대비해 스탠드의 악보를 고정할 집게부터 여분용 머리핀, 검은 의상까지 필요한 잡동사니를 몽땅 넣은 커다란 파란색 캔버스 가방을 짊어지고 집을 나설 때면 아빠는 콧방귀를 뀌며 말했다. "마미저* 납셨네." 또 아빠는 우리가 집에서 노래나 휘파람을 불어 자기 신경을 긁으면, 혹은 '고맙습니다'라는 말을 너무 자주 하면 머리를 때렸다. 특히 엘리엇이 가장 심하게 당했다. 한번은 엘리엇이 두 살도 되기 전에 아빠가 엘리엇의 팔을 너무 세게 잡아당기는 바람에 팔꿈치가 빠진 적이 있다. 나는 지금도 노란색 아기 우주복을 입은 동생의 팔이 어떤 자세로 비스듬하게 꺾여 있었는지 기억한다. 엄마가 어떤 폭력을 견뎠는지는 한참 뒤에야 알게 됐다. 우리를 모텔로 데리고 가서 "오늘밤만 여기 있을 거니까 걱정하지 마.

---

* momager. 엄마(mom)와 매니저(manager)를 합친 말.

아빠는 내일 볼 거야"라고 했을 때 엄마는 두려움에 떨고 있었다. 엘리엇을 낳고 나서 엄마가 몇 주간 걷지 못했던 건 모두에게 말했듯 넘어져서가 아니라 아빠한테 너무 심하게 맞아 제왕절개 봉합선이 터져버렸기 때문이었다. 그런데도 엄마는 아빠 곁에 머무는 것 말고는 선택지가 없다고 느꼈다. 덴버 법원은 거의 언제나 자녀 양육권을 대칭적으로, 그러니까 부모 양쪽에 반반으로 나누기 때문이었다. 한쪽이 배우자나 자녀를 학대했더라도 예외가 없었다. 따라서 엄마는 이혼이 어떤 의미인가를 잘 알았다. 우리가 아빠 집에서 아빠와 시간을 보내는 동안, 우리와 아빠 사이에 그 어떤 완충지대도 없으리라는 뜻이었다.

분명 엄마는 이런 미래를 꿈꿨던 게 아니다. 나는 엄마가 언제나 아이들을 바랐고, 아이들을 위해 살고 싶어했단 것을 안다. 엄마가 직접 그렇게 말해주었으니까. 그러나 엄마는 그 대가까지는 몰랐다. 물론 엄마는 뭐든 기꺼이 견딜 것이다. 우리를 위해 평생 그래왔으니까. 하지만 가끔은 견디기 버거웠을 것이다. 캄캄한 집에 혼자만 깨어 있는 순간, 아침에 설거지해둔 그릇들이 싱크대에 도로 쌓여 있고, 다음날 아침 설거지도 자기 몫임을 생각하며 침대에 몸을 누이는 엄마. 불어나는 빚. 에이든과 시간을 더 보내야겠으니 다시 소송을 걸겠다고 협박하는 아빠에게서 온 이메일들, 아빠 집에 가기 무서워 일어나자마자 공포에 질리는 에이든의 눈. 그래, 이게 내 인생이지, 라고 생각하기는 참 힘들었을 것이다.

 나는 처음 이 장을 쓰기 시작했을 때, 엄마가 아빠 그리고 아빠 가족과 맺은 관계, 심지어 자기가 낳은 우리 사 남매와 맺은 관계로 체현된, 미국에서 엄마가 경험한 삶에 내재한 평등에 관해, 정확히는 평등의 부재에 관해 집중할 생각이었다. 그러나 막상 쓰기 시작한 후로는 내가 생각하던 주제가 평등이 아니라는 사실을 깨달았다. 그 단어로는 엄마가 이민자로서 겪은 어려움을 정확히 표현할 수 없었다. 엄마가 바닥을 쓸고 닦고, 나의 바이올린 레슨비를 마련하느라 필사적으로 허리띠를 졸라매고, 내가 거울 앞에 서서 턱 밑에 바이올린을 끼우고 연습하는 동안 곧 퇴근할 아빠를 위해 부랴부랴 식탁에 저녁을 차릴 때, 그런 엄마를 보며 내가 느낀 죄책감과 감사함의 고통도 그 단어에 오롯이 담기지 않았다.

 평등은 아시아인과 백인, 남편과 아내, 부모와 자녀처럼 분리된 존재들의 외부적 관계를 표현하는 말이다. 적어도 엄마가 겪은 동화의 경험에서 백인과의 평등을 논의하는 것은 아무 의미가 없다. 그보다는 괴롭힘당할 정도로 눈에 띄지는 않되 숨쉬듯 무시당하고 열외당하지 않을 만큼 잘 해내는 것 사이에서 겨우겨우 불가능한 균형을 유지하는 것에 가까웠다. 아시아계 이민자들의 자녀가 유독 클래식 음악을 많이 연주하고, 서양 고급 예술의 고루한 정상에 있으나 현대 미국 문화에서는 갈수록 매력을 잃고 있는 장르에서 두각을 드러내는 현상은, 소위 '아시아적인 것'이자 아시아인에 관한 고정관념이 되었다. 이는 우리 스스로도 인지하는 일종의 열등감이 내포된, 고집스러운 열심의 발현이었다. 정체성, 특히 '모범적 소수'의 정체성을 사람들 앞에서 보이는 것이 평등이란 개념으로 이어질 확률은 지극히 희박하거나 아예 없다. 자신에게 주어진 사회적 역할을 다하려고 애쓸 때, 나의 운명은 그런 내 모습을 지켜보면서 자신들 삶에 받아들일지 말지를 심사하고 내가 자신들과 어울리는지를 평가하는 사람들 손에 달렸다.

대칭symmetry이라는 단어는 그리스어 심메트리아symmetria에서 유래했고 '면적, 적정 비율, 배열의 일치'라는 뜻을 지녔다. 나는 이 단어가 동화에 좀더 알맞은 메타포라는 생각이 든다. 대칭은 단일한 존재가 자신과 맺는 내부적 관계를 표현하기 때문이다. 한 개인의 정체성은 유동적이어서 그것을 구성하는 다양하고 구체적인 정체성들, 또 그것들 사이의 무수한 비율은 끊임없이 재조정된다. 우리는 어떠한 상호작용을 하는 상황에서 어디에 누구와 함께 있는지에 따라 조금씩 다른 사람이 될 수 있다. 아내이자 엄마, 부모이자 자녀, 한국인이자 미국인이 될 수도 있는 것이다. 우리라는 사람을 이루는 균형은 이런 정체성들의 대칭과 비대칭,

그 상호작용의 과정에서 타인이 우리를 보는 시선과 우리가 스스로를 보는 시선 사이에 형성되는 관계에 따라 결정된다. 엄마는 우리의 음악 공부를 응원해야 할까, 아니면 남편의 뜻을 따라야 할까? 엄마는 아시아인 엄마가 되어야 할까, 아니면 미국인 엄마가 되어야 할까?

어찌 보면 정체성이 겪게 되는 위기 중에서도 동화만큼 균형 상태를 위협하는 것은 또 없을 것이다. 균형의 어그러짐이 주는 슬픔은 타인이 보는 나와 내가 보는 나의 괴리를 깨닫는 순간 시작된다. 엄마에게 그 괴리는 언제나 또렷했다. 곁눈질하는 시선들, 우체국이나 식료품점에서 곁을 피하는 사람들, 대학 신입생 시절 덴버 시내 거리를 걷는데 "죄 없는 미국인들의 일자리를 빼앗아가는 더러운 황인"이라고 고래고래 소리치며 냅다 얼굴을 갈긴 남자가 그 괴리를 일깨워주었다. 세월이 더 흘러서는 자기 자식들에게 너희 엄마가 타이거 마더냐고 묻는 사람들 때문에 엄마는 엄마로서의 정체성에 상처를 입었다. 우리는 어떻게 반응해야 했을까? 엄마는 우리 사 남매에게 다섯 살 때부터 클래식 음악을 가르쳤다. 엄마가 우리의 첫 선생님이었고, 우리를 매일 연습시킨 것도 엄마였다. 엄마는 우리가 악기를 연주하면서 맡은 일에 최선을 다하고 스스로 단련하는 법을 익히기를, 좋은 대학에 들어가고 더 많은 기회를 얻게 되기를 바랐다. 그렇다면 너희 엄마가 타이거 마더냐고 묻는 사람에게 나는 뭐라 대답할 수 있을까? 꼭 그런 것은 아니었다고, 이런 일들이 있었어도 나의 엄마가 타이거 마더는 아니었다고 말할 수 있을까? 엄마는 평생 클래식 음악을 사랑했고 음악의 위대한 아름다움을 아는 사람이며 우리에게도 그걸 알려주고 싶어했을 뿐이라는, 그러므로 아시아인 엄마의 고정관념에서 벗어난다는 나의 대답이, 미국에서 자라는 아시아인에게는 바이올린을 연주하고 사랑하기로 한 선택이 거의 자동으로 고정관념이 되어버린다는 사실과 분리될 수 없는 것이라면?

  물리학에서 대칭은 어떠한 변환이 일어날 때 시스템을 보존하는 것으로 정의된다. 이를테면 입자를 반대 전하를 가진 반反입자로 바꾸거나 입자의 방향을 오른쪽에서 왼쪽으로, 혹은 왼쪽에서 오른쪽으로 반전시키는 경우가 그렇다. 이러한 변화를 겪은 후에도 시스템이 변함없이 작동한다면, 대칭이 보존되었고 무결성이 지켜졌다고 말할 수 있다. 그렇지 못하면 '대칭 붕괴'의 과정에 따라 시스템의 연속성이 깨진다. 이러한 변환의 가장 단순한 사례로는 시스템의 공간 내 위치가 달라지는 공간병진대칭 space-translation symmetry, 시스템의 작동 시간대가 달라지는 시간병진대칭 time-translation symmetry이 있다. (갈릴레오의 낙하 실험은 사백 년도 더 지난 지금 재현될 수 있다. 이러한 일관성은 질량과 무관하게 모든 사물의 중력가속도가 일정하다는 갈릴레오의 본래 주장을 증명할 뿐 아니라, 시간을 아우르는 물리법칙과 중력의 불변성을 증명한다.) 대칭이 보존될 때는 이전과 이후의 차이를 분간할 수 없다. 시스템의 시공간적 위치가 근본적으로 달라졌더라도 시스템의 물리는 변함이 없기 때문이다.

그렇다면 동화는 대칭의 보존인가, 아니면 붕괴인가? 새로운 삶을 시작하려고 세상 반대편으로 간다는 것은 공간과 언어와 시간의 거대한 전이를 반드시 수반한다. 이곳에서 저곳으로, 과거에서 현재로 대륙을 이동하는 변화가 필수다. 그러려면 자신을 바꿔야 하고, 자신의 과거, 이전의 모습이 이루고 있는 대칭을 깨뜨려야 한다. 아마도 많은 경우에 바로 그러한 붕괴의 욕망이 이민을 추동했을 것이다. 하지만 새 나라에 도착해 더는 돌이킬 수 없어진 뒤에는 내가 뭘 하든, 얼마나 열심히 일하고 성공하든, 나를 향한 타인의 시선은 크게 달라지지 않는다는 사실을 깨닫게 된다. 잘 적응하려고 자기 모습을 바꾸려 노력할수록, 언제나 그랬듯 외부인이라는 사실만 더 적나라해진다. 따라서 자신을 바꾸려는 과정은 그 자체로 자기 보존 행위가 된다. 낯선 나라에서 살아남기 위해 내부에 소속되었음을, 받아들여질 만한 존재임을 증명하려 애쓰는 것뿐이다.

엄마는 자신이 이민자로서 겪은 경험이 자녀들의 인생으로 시간 이동하는 것을 무엇보다 두려워했던 것 같다. 우리가 그 모든 불확실성과 수모를 고스란히 견디며 엄마의 팔자를 되풀이할까 봐서. 엄마는 기를 쓰고 그 대칭을 깨뜨리고자 했다. 그 점에서 엄마는 성공했다. 엄마가 방과후 중국 식당에서 서빙을 하던 나이에 나는 줄리아드 오디션을 준비했으니까. 오랫동안 바이올린 현들을 짚느라 생긴 내 손끝의 굳은살은 엄마 손에 배긴 것보다 훨씬 여리다. 표백제와 까슬한 솔과 추위에 상하고 부르튼 엄마의 손이 견뎌온 세월과 감히 비교할 수 없다.

하지만 그렇게 노력한다는 이유로 엄마는 창피를 당했고, 언젠가부터 주저하며 스스로 검열하게 되었다. 요즘 엄마는 남들은 물론 자식들이 자신을 어떻게 생각하는지를 지나치게 의식한 나머지 이따금 수줍음 많고 우유부단한 사람처럼 보인다. 한번은 엄마가 후회가 그득한 웃음을 지으며 "너는 나처럼 소심하지 않으면 좋겠어"라고 말한 적이 있다. 나는 그런 엄마를 안아주며 위로했지만, 엄마에게 그런 말을 들으니 참 속상했다. 내가 음악을 하느라 엄마가 치른 희생은 나에게 너무나도 엄청난 것이어서, 음악을 하기로 한 내 선택에 의문을 제기한다는 것은 엄마 스스로 선택을 내리고 자기 인생의 방향에 대하여 확신과 의지를 가질 권리를 내가 부정하는 것과 같다고 느낀다. 하지만 그런 엄마를 변호하면서 사실은 내가 나를 두둔하고 있으며, 내가 엄마에게 강요하고, 엄마의 희생을 이용하고, 엄마가 해준 것들에 고마움을 넘어 행복을 느꼈단 사실을 포장하려 한다는 것을 과연 내가 부인할 수 있으려나? 거의 매일 밤 함께 연습하자고 엄마를 깨웠던 그해, 나는 이런 감정을 떨쳐내고 싶어서 형편없이 더듬거리는 말로 엄마에게 털어놓으려 해보았으나, 엄마는 미소를 지으며 고개를 저었다. 그러면서 마음 쓰지 말라고, "너희 넷을 발사시키는 것, 그러니까 엄마가 로켓 부스터가 되어서 로켓을 안고 하늘로 올라가 무사히 우주까지 보내는 것"이 엄마가 할 일이라고 말해주었다. 엄마가 언급하지는 않았지만 이 비유에 담긴 또하나의 사실이 있다. 로켓 부스터는 마지막까지 모든 것을 다 바쳐 대기권 한계까지 올라가고 나면, 경로를 역행해 다시 지구로 떨어지게 되어 있다.

"그 악구의 모양을 좀더 빚으면 어떨까? 지금보다 긴 악절을 생각하면 박자를 지키기 쉬울 거야."

엄마의 조언이 옳다. 지금 이 악구는 길을 잃고 헤매는 것처럼 들린다. 이제 곧 새벽 두시다. 나는 한 달 앞으로 다가온 줄리아드 오디션을 준비중이다. 주요 곡은 시벨리우스의 협주곡인데, 이것 때문에 죽을 맛이다. 악보의 일부, 특히 1악장 마지막에 천둥처럼 휘몰아치는 겹옥타브 악절은 연주 불가능의 경계에 걸쳐 있는 듯하다. 이 대목에서는 목놓아 통곡하는 것처럼 길게 현을 미끄러져 내려가야 한다. 그런가 하면 지금 엄마와 연습중인 도입부는 단일 성부의 선율이 바람 부는 텅 빈 풍경 위에 펼쳐져서 정확히 짚어내기가 여간 힘든 게 아니다. 오디션을 위해 이 곡을 연습하다보면, 자아의 미로 속에서 보이지 않는 힘과 맞서 싸우는 기분이 든다. 이 미로의 가장자리는 내가 어떤 사람이고 무엇을 해낼 수 있는지를 정해놓은 한계인데, 나는 어둠 속에서 무작정 그 가장자리와 부딪치는 위험도 마다하지 않는다. 그런데 어떤 이유에서인지, 아마 이때가 처음이었을 텐데, 아무리 연습하고 노력해도 충분하지 않으리라는 느낌을 이미 받고 있다. 활의 속도를 높여서 같은 악구를 다시 연주해본다.

엄마는 다정하고 피곤한 눈으로 나를 보며 미소 짓는다. "훨씬 낫네." 나는 다시 연주를 시작하지만, 얼마 안 가 주저하며 묻는다. 여태껏 엄마에게 묻고 싶었지만 무서워서 꺼내지 못했던 질문이다. "엄마는 그만둬야 한다는 걸 언제 알았어요?"

엄마는 나를 바라보며 한참 내 표정을 살핀다. "때가 오면 그 순간이 지금이라는 걸 그냥 알게 돼. 중요한 건 후회를 남기지 않는 거야. 네 선택이어야 하고."

갑자기 눈물이 터져 볼을 타고 흐른다. 한줄기, 그리고 한줄기 더. 엄마가 소파에 앉은 채로 두 팔을 쭉 펼친다. "이리 와." 나는 엄마 어깨에 얼굴을 파묻으며 엉엉 운다. "재미있네." 엄마는 잠시 나를 꼭 껴안은 채로 있다가 입을 연다. "아빠랑 내가 꼭 이랬거든."

할아버지도 엄마가 밤에 숙제를 마칠 때까지 옆에서 책을 읽곤 했다. 할아버지는 엄마가 태어났을 때 이미 몸이 좋지 않았고,

딸의 열세 살 생일이 지나고 한 달 후에 세상을 떠났다. 엄마 가족이 콜로라도로 이주한 것도 덴버에 있는 폐 전문 병원에서 할아버지의 폐결핵을 치료하기 위해서였다. "네 할아버지도 클래식 음악을 좋아하셨어. 하지만 그게 다가 아니야. 아빠는 내가 어릴 때 돌아가셨지만 나와 평생을 살다 가신 것처럼 느껴져. 우리는 아주 사소한 일상까지 전부 함께했거든. 한번은 엄마가 아주 어릴 때 정원에 있는 호스로 잔디밭에 물을 주고 있었어. 그때 네 할아버지가 다가와 도와주었던 일을 기억한단다. 손가락을 감싼 아빠의 엄지손가락이 어찌나 부드럽던지."

 (수년이 흘러 내가 이런 책을 쓰고 있다고 말하자 엄마는 자기 이야기를 신파로 그리지 말아달라고 당부했다. 자기 인생이 그저 고난이었던 것처럼 들릴까봐, 주어진 인생에 감사할 줄 모르고 원망하는 것처럼 비칠까봐 걱정되었던 거다. 엄마는 과거에 그랬던 것처럼 자신을 불행한 존재로 여기고 싶지 않다고 말한다. 아빠와 결혼한 것을 후회하냐고 물으니 엄마는 아니라고 단호하게 고개를 젓는다. "운명인 자식들을 낳았으니 후회하지 않아. 너희 넷과 만나서 너희가 크는 모습을 지켜보게 됐으니 얼마나 축복받았니?" 인간의 존재는 운명과 선택으로 동등하게 이루어진다. 그런데 어느 부분이 운명이고 선택인지 말할 수 있을까? 어쩌면 이것이 일세대 이민자와 이세대 이민자, 희생적인 부모와 철없는 자식 사이의 근본적인 차이가 아닐까 싶다. 나는 이 차이를 두려

워하면서 동시에 바라고 있다. 나는 앞으로도 언제나 관둘 선택권이 나에게 있다고 느끼며 살 것이다. 이 점에서 엄마와 나 사이의 대칭은 깨져 있다.)

"이상하네." 이제는 엄마도 울고 있다. "쉰 살에 열세 살의 기분을 느낀다는 게……" 엄마는 자신의 슬픈 기억을 나에게 전가하는 것을 미안해한다. 엄마의 첫아이, 나의 오빠 알렉산더가 태어나 닷새 만에 죽고 난 뒤 나를 너무 빨리 가진 것에도 죄책감을 느낀다고 말한다. 사실 엄마는 절대 타이거 마더가 될 수 없는 사람이었다. 왜냐면 우리 남매가 아침에 일어나기만 해도 엄마는 행복해했으니까. "그애를 향한 그리움을 감출 수가 없었어. 그러다 네가 태어났지……" 엄마는 서글프게 고개를 젓는다. "그렇게 간절한 마음으로 애타게 사랑을 쏟아부은 게 너에게는 얼마나 큰 짐이었을까."

이제 엄마의 기억은 나의 것이다. 예전에는 우리 사이가 분리되어 있지 않다고 느낄 때가 있었다. 요즘도 가끔 그렇다. 우리는 동시에 똑같은 단어를 떠올리고, 기이할 만큼 본능이 함께 움직인다. 내가 대학 입학을 앞둔 그해, 한집에 사는 시간이 이제 곧 끝나리란 것을 알았던 우리는 삶의 시시한 일상까지 모두 함께했

다. 우리는 앞으로 다가올 미래가 두려웠지만, 행여 우리의 공포가 서로를 자극할까봐 그 짐을 나눌 수 없었다. 서로 잠을 쫓아주던 그해 새벽들에 우리의 노력을 지탱해주던 공동의 의지는, 훗날 내가 나의 자녀에게 전할 기억이 될 것이다. 우리 사이의 시간과 경험과 슬픔의 동굴을 적나라하게 드러낸 그때 그 친밀함의 순간들을 지금 돌이켜보노라면, 과거와 미래, 엄마와 나 사이 대칭에 가까운 그림자가, 영원히 어긋난 서로의 시간 속에서도 우리가 동조하고 있다는 감각이 어느 때보다 첨예하게 와닿는다. 시스템, 사람들, 기억들이 시간 속에서 대칭적으로 전이할 수 있다는 사실이 시간 자체의 근본적인 비대칭성을 바꿔주진 않아서, 규명되었고 바꿀 수 없는 과거는 불확실한 미래를 향해 저돌적으로 뛰어든다. 그 미래에서 우리는 우리가 한 일들과 하지 않은 일들에 시달리게 된다.

시간의 비대칭성은 생성becoming이라는 개념을 내포하고 있다. 우주는 더 높은 엔트로피 상태를 향해 풀어진다. 가장자리가 해지고, 먼지가 구석으로 밀려나고, 이런 분해와 부식의 과정이 과거와 미래를 구분 짓는다. 보통 '생성'이라고 하면 좀더 최종적인 것, 좀더 완벽하고 안정적인 상태로 나아가는 모습을 떠올린다. 그러나 시간 속에서 앞으로 나아가는 과정은 그 자체로 우주 속 무질서의 증가를 수반한다. 다른 무언가, 또는 누군가가 되기 위해서, 과거를 뒤로한 채 삶을 변화시키기 위해서, 우리는 어쩔 수 없이 우리 자신을 엔트로피에 내던져야 한다. 자신의 예전 조각들을 흩뿌리고, 일부러 자신의 경계를 흐리고, 일을 엉망으로 만들고, 더는 우리를 담아내지 못하는 듯한 옛 대칭에서 벗어나려고 노력한다. 어쩌면 자신을 바꾸고픈 본능 자체가 곧 찾아올 혼돈을 미리 받아들이려는 행위인지도 모르겠다. 이는 우리가 이미 통제 불능의 상태로 움직이기 시작했다는 신호다. 우리는 흐르는 시간에 떠밀려가고, 이제 곧 있으면 무엇도 예전 같지 않을 것이다.

그날 밤 서재에서 바이올린을 연습하던 나는 반쯤 감긴 눈으로 잠깐 악보에서 시선을 돌려 난로 양쪽에 꽂힌 책들을 보았다. 엄마의 책들이 쌍둥이 책꽂이에 서로 기댄 듯 꽂혀 있었다. 오른쪽 책꽂이 맨 아래 구석에 꽂힌 '아무것도 아닌 책Nothing Book'은 엄마의 일기장이다. 색지를 제본해 만든 이 책에는 엄마가 쓴 시와 편지가 고이 접혀 사십 년 동안 보관되어 있다. 갑자기 시상이 떠올라 책상 앞으로 달려가는 열일곱 살의 엄마를 상상해보았다. 설렘으로 떨리는 손가락으로 빈 종이 위에 대담한 첫 문장을 써내려간다. 신성모독 같으면서도 동시에 엄숙하고 성스럽게 느껴지는 도입부. 나중에 다시 읽어보면 조금 낯간지러워도 수줍은 자부심에 마음이 울렁일 것이다. 왜냐면 정말로 좋은 시이기 때문이다. 열일곱 살의 엄마는 무슨 말을 하려던 건지 자기도 정확히 알지 못했지만, 시의 언어는 그럴싸하게 들렸다. 특히 '굴곡진

달' '스코폴라민* 진실' '자기-삭제에 가까운 설명' 같은 말들. 언젠가는 딸에게도 이 시를 보여주겠지. 그러면 딸은 자신의 열일곱 살 마음과 시의 언어 사이 어딘가에서, 열일곱 살 시절 엄마의 그림자를 감지하리라. 딸은 자신이 모르는 엄마의 모습이 있고 자신을 모르는 상태의 엄마가 존재한다는 사실에 이기적인 슬픔을 느낄 것이다. 하지만 그건 딸이 엄마를 사랑하기 때문이다. 딸은 엄마가 오랫동안 글을 쓸 수 없었단 것을 안다. 언제나 그 밖에 다른, 더 급한, 자기-삭제를 요하는 일이 있기에.

---

* 중추신경 억제와 진정 효과가 있어 멀미 예방약으로 쓰이는 약물.

샤콘

〔한때 사람들이 그렇다고 믿었던〕 인간에게 깃든 악마와 같이,
〔바흐의〕 샤콘도 저주받은 자의 정화를 위해
반드시 그의 몸에서 빠져나가야 한다.
하지만 그런 일은 일어나지 않는다.
샤콘은 바이올리니스트가 턱 밑에 바이올린을 끼우고 있는 한
그의 안에 계속 파묻힌 채로, 고문하고 시험한다.
—어빙 콜로딘, 「샤콘이여 안녕」(1985)

   나는 샤콘의 도입부를 잘 해내고 싶다. 비장하고 중대하며 자신과 자신의 비애를 의심하지 않는 첫 D단조 화음이 엄숙한 침묵을 찢으며, 그러나 동시에 새로운 무언가를 축성하며, 일종의 카논처럼 듣는 이를 마지막 마디로 데려가는 반복적이고 근원적인

주제에 시동을 건다. 자기 내부에서부터 야만적인 동시에 성스럽고, 끝인 동시에 시작인 비명을 끄집어내며.

그런데 지금 나는 그 곡을 연주할 수가 없다. 연습실 거울을 빤히 들여다보고 있으니 새치가 눈에 들어온다. 이리저리 살피다 뽑아낸 뒤 또 없나 머리를 뒤적인다. 물을 마시러 자리를 비운다. 페이스북을 구경한다. 이십 년 가까이 매일 몇 시간씩 바이올린을 연습하다가 손을 뗀 지 넉 달이 지났다. 다시 시작하려니 겁이 난다. 내가 어떤 소리를 낼지, 기나긴 침묵에 균열을 낸 순간에 그 안에서 얼마나 추악한 것이 기어나올지 무섭다.

지난 넉 달은 여러모로 자유의 시간이었다. 오래 미뤄두었던 책들을 읽었고, 퀸과 다이어 스트레이츠의 노래를 들으며 찰스강을 산책했고, 밤마다 탁구를 쳤다. 평소였으면 연습실에 틀어박혀 문을 닫는 열한시까지 연습만 했을 텐데, 갑자기 하루 안에 이 모든 것을 할 수 있게 되었다. 연습의 압박을 느끼지 않는 삶은 이상했고, 도리어 그 느낌이 나를 짓눌렀다. 처음에는 텅 빈 시간이 불편하기만 했다. 나는 연습할 수 있는 시간이 얼마나 남았는지 확인하려고 버릇처럼 시계를 확인하다가 아니지, 이제는 바이올린을 연주하지 않으니 연습할 필요도 없지, 하는 사실을 떠올리곤 했다. 그리고 지금, 기숙사 연습실 거울 앞에 서 있자니 시간이 하나도 흐르지 않은 것 같다는 느낌이 든다.

그러나 시간은 나를 놓치지 않았다. 엄지손가락으로 왼손가락들의 끝을 문질러본다. 어느새 굳은살이 연해져 예전보다 줄었다. 바이올린이 닿는 목의 왼편에는 아주 열렬한 키스 후에 남은 자국처럼 거친 형태의 보라색 멍이 늘 있었다. 오랜 세월 꾸준히 연습하며 얻은 자랑스러운 훈장이었는데, 그마저도 희미해졌다. 넉 달이라면 그리 길지 않게 느껴질 수도 있지만, 연습실에서 날마다 대여섯 시간을 보내는 데 익숙해진 사람에게는 굉장한 공백이자 아주 심한 정체다. 억울하게도 단 넉 달 만에, 십팔 년간 연마한 기술이 죄다 증발하진 않을지언정 충격적일 만큼 빠르게 퇴보하는 것은 가능하다. 손의 힘도 마찬가지다. 쉬었다가 다시 연주하려고 하면 손가락이 예전처럼 민첩하지 못하고 힘도 덜 들어간다. 헬스장에서 몇 달간 쌓은 근육이 몇 주 만에 빠져버리듯 말이다.

나를 다시 불러들인 것은 다름 아닌 샤콘이다. 넉 달간 아예 바이올린을 관뒀다가 다시 이 곡을 연주하게 되었다. 이 곡은 처음부터 끝까지 독주해야 하고 숨이 턱 막힐 정도로 어렵다. 십오 분짜리인데 오케스트라나 피아노가 넘겨받는 구간 없이 쭉 이어진다. 다른 악기 연주자와 호흡을 맞출 구간이 없으니 내가 망치면 누구도 구해줄 수가 없다. 바이올리니스트에게 샤콘은 바이올린 레퍼토리를 통틀어 가장 아름다운 동시에 정복하기 힘든 작품이다. 수준급 연주자면 무조건 이 곡에 대한 자기 나름의 해석이 있다. 따라서 샤콘을 배운다는 것은 일종의 통과 의례와 같다. 선생은 학생이 '준비'되기 전까지는 이 곡을 가르치지 않는다. 준비되었다는 게 무슨 의미인지 간에 말이다. 보통은 학생에서 예비 전공자가 될 무렵에, 그러니까 고등학교를 졸업하고 음악원에 입학할 즈음 샤콘을 익히게 된다. 간혹 대학원에 입학할 때나, 이후 직업 연주자를 선발하는 오디션을 볼 때 익히기도 한다. 어느 단계에서 접하든지 간에 샤콘은 내가 될 수 있는 연주자, 바이올리니스트로서 발휘할 수 있는 역량, 그것의 최고치를 끄집어낸다. 더 분발할 수도 있지 않을까? 라고 생각할 수도 있지만, 그렇게 완벽하게 준비된 순간은 영영 오지 않는다. 연습할 수는 있으나 완벽해질 수 없고, 시작할 수는 있으나 절대 끝맺지 못한다. 그래도 나는 어차피 바이올린을 관둘 거라면, 최소한 이 곡을 익히지 않은 채로 끝내고 싶지는 않았다.

샤콘은 요한 제바스티안 바흐의 〈파르티타 2번 D단조〉의 다섯 번째이자 마지막 악장이다. 전체 곡은 바이올린 독주를 위한 여섯 곡의 소나타와 파르티타 연작 중 두번째에 해당한다. 바흐는 1717년부터 1723년까지 독일 중동부 안할트-쾨텐에서 카펠마이스터*로 일하던 시절에 이 연작을 작곡했는데, 세 곡의 소나타 다 키에사(교회 소나타)는 느리고-빠르고-느리고-빠른 네 악장이 번갈아 나오는 구조이고, 세 곡의 파르티타는 춤곡 모음곡이다.

---

* Kapellmeister. 교회나 궁정의 음악을 관장하는 악장(樂長).

바흐는 거의 일평생 교회 오르간 연주자이자 작곡가로 일하면서 교회 예배에 필요한 종교 음악을 만들었다. 매주 새로운 칸타타를 작곡하던 때도 있었다. 그러나 바흐는 특정한 악기를 마스터하기 위해 세속 음악을 짓기도 했다. 무반주 첼로 모음곡, 피아노를 위한(당시에는 하프시코드를 위한) 『평균율 클라비어곡집』을 비롯해 바이올린 독주곡들이 그렇게 만들어졌다. 오늘날 널리 알려진 바에 따르면, 바흐가 바이올린 독주곡을 작곡하던 중에 첫번째 아내 마리아 바르바라가 세상을 떠났다. 아내가 아파 쓰러졌을 때 바흐는 휴가중인 자기 고용주*를 따라 쾨텐에서 남서쪽으로 오백 킬로미터 넘게 떨어진 카를스바트에 가 있었다. 아내의 병세는 위중했고 갑작스러웠기에 바흐는 제때 소식조차 들을 길이 없었다. 두 달이 지나 돌아왔을 때 아내는 이미 쾨텐의 올드 묘지에 묻혀 있었다. 광적인 분노와 슬픔에 사로잡힌 바흐는 추모곡으로 샤콘을 작곡해 두번째 파르티타 마지막에 덧붙였다고 한다.

샤콘을 둘러싼 이 멜로드라마는 확실히 허구로 밝혀지진 않았으나 음악학자 사이에서는 대부분 외면받았다. 사실 바이올린 독주곡 악보 필사본에 마리아 바르바라의 사망 연도인 1720년이 적힌 것 말고는 바흐의 샤콘이 아내를 향한 추모곡이라는 증거는

---

* 안할트-쾨텐의 레오폴트 대공.

딱히 없다.¹ 그러나 진위 여부는 크게 중요하지 않은지도 모른다. 이 이야기는 연주회 프로그램 해설문에, 온라인 게시글에, 바흐 작품을 소개하는 글에 빠지지 않고 등장한다. 열정적인 바이올리니스트 트레버 포드는 이런 뒷이야기를 알지 못한다는 것은 작품에 대한 모욕이라는 듯이 온라인 포럼 '쿼라'에 이렇게 호소한다. "여기 이런 이야기가 있습니다. 바이올리니스트들이 이를 의식하도록 다들 최선을 다해주세요. 이 사연을 모른 채 샤콘을 연주하는 것은 눈을 감고서 모나리자를 감상하는 것과 같으니까요."² 바이올린 선생들은 이 이야기를 학생들에게 전하는 것을 마치 의무로 생각하는 듯하다. 그렇게 이 이야기는 한 사람의 의식에 깊이 뿌리박힌 기억이 되어 이 곡과 슬픔을 불가분의 관계로 만든다. 그런데 나는 샤콘 자체에 이러한 전설을 진실로 믿고 싶게 하는 구석이 있다고 생각한다.

음악 형식으로서 샤콘은 삼박자의 춤곡³인 동시에 단일한 화성 주제를 바탕으로 한 연속적인 변주곡이다. 보통은 똑같은 베이스 라인이 계속 반복되면서 변주들을 결속하는 화음 패턴을 만든다. 바흐의 샤콘은 두번째 박에 강세를 두는 전통적인 삼박자로 전개되지만, 굉장한 슬픔이 박자를 짓누르고 있다. 마치 음악 자체가 슬픔에 몸을 가누지 못하며 침울하게 왈츠를 추는 듯하다. 샤콘은 전체 곡의 나머지 네 악장을 합친 것보다도 길며, 음악적으로나 감정적 진폭으로 보나 별도의 작품이라 해도 손색이 없다.

그러나 이전 악장들의 그림자는 샤콘의 마디 속에서 계속 넘실대며 춤을 춘다. 무거운 한숨이랄지 걸음과 같은 점음표 리듬이 1악장(알망드)의 포문을 열고 두 배에 가까운 속도로 압축되어 쿠랑트 악장의 주요 주제를 구성한다. 사라방드 악장을 시작하는 하강의 반음계 베이스라인이 이후 샤콘의 초반 마디들에 담기게 되며, 일렁이며 교차하는 샤콘의 음계들과 아르페지오의 패턴은 지그 악장부터 이어진다. 그런데 이와 동시에 샤콘은 작품의 나머지 부분과 여전히 동떨어져 있다. 나에게 샤콘은 언제나 과거로 들쑤셔지고 과거를 의식하는, 그러나 외딴 악장이었다.

　샤콘은 바로크시대에 특히 유행하던 형식으로, 다른 작곡가들의 작품도 있지만 그중에서도 바흐의 샤콘은 가장 기념비적이며 오래 생명력을 유지하고 있다. "바이올린 연주의 황금기"였던 20세기 중반을 대표하는 위대한 연주자 예후디 메뉴인은 자서전에서 바흐 샤콘을 "세상에 존재하는 바이올린 독주곡 중 가장 위대한 구조"[4]라고 평했다. 현재 활동하고 있는 바이올리니스트 조슈아 벨은 이렇게도 말했다. "지금껏 쓰인 악곡 중에 가장 위대한 작품 중 하나일 뿐 아니라, 역사상 인간이 이룬 최고의 성취 중 하나다. 영적으로나 감정적으로나 강력하며, 구조적으로는 완벽하다."[5] 작곡가 요하네스 브람스는 1877년 이 곡을 처음 듣고서 클라라 슈만에게 편지를 썼다.

바흐는 작은 악기를 위한 오선 위에 가장 심오한 생각과 강렬한 감정을 녹여낸 하나의 완전한 세상을 써내려갑니다.[6] 내가 이 곡을 창조할 수 있었다면, 하다못해 머릿속으로 착상이라도 할 수 있었다면, 걷잡을 수 없는 환희와 세상이 뒤집히는 느낌에 분명 정신을 놓고 말았을 겁니다. 주변에 제일가는 바이올리니스트가 없다면 머릿속으로라도 이 곡의 소리를 상상해 듣는 것이 가장 아름다운 기쁨이겠지요.

제일가는 바이올리니스트가 될 수는 없지만 머릿속으로만 그 곡을 듣는다거나 다른 누군가의 훌륭한 녹음본을 감상하는 것으로도 성에 차지 않는 사람은 어떻게 해야 할까? 바이올리니스트라면 누구나 본능적으로 샤콘에 대한 권리를 주장하고픈, 혹은 적어도 그걸 연주해서 자기 것으로 만들고픈 갈망을 느끼지 않나 싶다. 누가 뭐래도 이 곡은 바이올린 레퍼토리의 정점에 있다. 연주하려면 바이올리니스트가 아는 전통적 기교를 거의 다 발휘해야만 한다. 샤콘은 하나의 선율선으로만 구성되는 게 아니라 많게는 동시에 네 개나 되는 성부로 진행된다. 사실상 처음부터 끝까지 그 선들을 추적할 수 있다. 어떤 때는 소프라노, 알토, 테너, 베이스로 이뤄진 합창단의 목소리가 대위선율을 이루며 바이올린의 f자 울림구멍에서부터 한꺼번에 쏟아져나오는 듯 들린다. 샤콘 안에서 감정의 우주는 간결해진다. 여러 소리가 하나로 어우러지고, 일생에 걸친 "가장 심오한 생각과 강렬한 감정"이 순식간이지만 동시에 영원한 십오 분으로 응축된다. 나는 샤콘만큼 아름다운, 혹은 고통으로 충만한 곡을 알지 못한다.

하지만 어려워도 너무 어렵다. 나의 경우에 기교적으로 가장 애를 먹은 부분은 대위적(다성적) 화음을 수행해내는 것, 화음의 성부 하나하나를 발화시키는 것, 각 화음에 적당한 무게를 싣되 동시에 수평적인 흐름의 감각을 유지하는 것, 즉 박자를 맞추는 것이다. 하지만 십오 분 동안 쉬지 않고 곡을 이어갈 때 필요한 감정적 에너지와 체력에 비하자면 기교적 문제는 아무것도 아니다. 혼자서, 아무것도 없이, 쉬지 않고 해내야 한다. 다른 악기가 연주를 이어받는 구간도 없으니 마지막까지 안도할 틈이 없다. 평생을 매일 연습하더라도 이 곡이 표현할 수 있는 것들을 전부 표현해내기란 절대 불가능할 것이다. 그러나 바로 이 난해함 때문에 그 어느 곡보다도 샤콘을 연습하면서 바이올린 연주에 관해 배우고 스스로 어떤 바이올리니스트인지를 깨닫는 게 많다. 샤콘은 평생의 징벌이자 친구이며, 성배이자 그 성배를 찾기 위한 여정이기도 하다. 나에게 샤콘은 마지막 남은 바흐 바이올린 독주곡, 여태껏 유일하게 연주해내지 못한, 빠져 있는 퍼즐 조각이었다.

몇 년 전 잠깐이었지만 샤콘을 시도한 적이 있었다. 어느 선생님에게서 연주하지 말라는 말을 듣고 결국 관뒀지만. 그해 여름, 열여섯 살이었던 나는 바이올린 솔리스트가 되겠다는 일념뿐이었다. 바이올린을 위해 쓰인 굵직한 곡은 거의 다 연주해본 터였다. 채워지지 않는 맹렬한 허기를 느끼며 대표작과 협주곡을 해치웠다. 이제는 샤콘을 배우고 싶어졌다. 나는 그해 여름 동안 메도마운트 음악학교 캠프에 있었다. 클래식 음악을 배우는 학생들이 팔 주간 뉴욕 북부 외곽에 모여 맹연습했다. 적어도 내가 아는 최고의 바이올리니스트들은 다들 한 번쯤 그 캠프를 거쳤다. 나의 스승인 마우러 선생님도 마찬가지였다. 1944년에 이 학교를 세운 전설적인 음악 교육자 이반 갈라미언은 (메뉴인과 더불어) 바이올리니스트 황금기를 대표하는 인물이다. 갈라미언은 모든 조의 음계와 연습 시스템, 곡을 가르치는 순서, 유명한 협주곡과 바흐 독주곡을 정확히 알려주는 자신만의 연주법 등을 아울러 하나의 교수법을 창시했다. 덕분에 바이올린을 배우는 게 좀더 쉬워졌고 문턱이 낮아졌다. 이 교수법이 한창 유행이던 20세기 말 메도마운트 여름 캠프에서 가르침을 받은 학생들이 훗날 최고의 선생들이 되어 갈라미언의 전통을 이어가고 있다.

  캠프 장소는 언덕 꼭대기의 다 쓰러져가는 오두막집들이었다. 건물 옆으로는 좁은 비포장도로가 몇 킬로미터나 이어졌다. 학생들은 하루 다섯 시간씩 오두막에 갇혀 연습했다. 홀을 지키는 지도교사들이 방 앞을 돌아다니며 학생들을 감시했고, 너무 오래 소리가 들리지 않는다 싶으면 문을 두드렸다. 학생들은 어떤 곡을 과제로 받든 죽어라 연습했다. 나는 운좋게도 창밖으로 도로

와 시골 풍경이 보이는 방을 배정받았다. 연습할 때는 창문을 열어놓고 언덕 아래를 응시했다. 푸른 수풀이 펼쳐지다가 작은 돌담에 둘러싸인 농가와 빈터에 가로막혀 끊겼다. 농가는 오두막에서 걸어갈 수도 있었지만, 아예 다른 세상처럼 보였다. 아침이면 소들이 낮게 우는 소리에 눈이 떠졌다.

여름 동안 나를 봐준 교사는 매슬로 씨였다(본명은 아니다). 키가 대단히 컸고, 백발을 덥수룩하게 길렀으며, 두꺼운 검은색 뿔테 안경을 쓴 분이었다. 안경 너머의 눈은 어딘가 수심에 잠겨 있었고 딴생각을 하는 듯했다. 내 연주를 들으면서 오두막 레슨실 창밖을 물끄러미 보고 있을 때가 많았다. 첫 레슨이 끝났을 때, 내 손은 두려움에 계속 떨리고 있었다. 선생님은 내 실력이 나쁘진 않지만 '진짜 바이올리니스트'가 될 기회라도 잡고 싶으면 처음으로 되돌아가 기초부터 다시 익히라고 했다. 특히 활 잡는 법부터. 요즘 애들은 워낙 실력이 좋아서 연주 수준이 매우 높다고, 그런 애들은 유연하게 활을 잡아 아주 많은 기교를 발휘할 줄 안다고, 만일 내가 활 잡는 법을 바꾸지 않으면 절대 그애들을 따라잡지 못할 것이라고 했다. 나는 애써 눈물을 참으며 레슨실을 나섰다. 그 말을 하는 선생님의 지친 태도가 가장 상처가 되었다.

외로웠던 팔 주의 시간 동안, 나는 평생 느껴본 적 없는 절박한 심정으로 활 잡는 법을 바꾸기 위해 노력했다. 그때까지 나에게 바이올린은 어렵지 않았다. 밥 먹듯 지역 대회에 입상하며 고향 덴버에서 두각을 드러냈다. 그런데 캠프에서 본 아이들은 학교에 다니면서 주말마다 뉴욕 줄리아드 예비학교에 다녔고, 평일에는 모스크바와 브뤼셀에서 열리는 대회에 나가 상을 타 왔다. 메도마운트 캠프에서는 수요일 밤마다 모두가 모인 자리에서 최우수 학생들이 공연할 기회를 얻었다. 나머지는 옷을 차려입고서—이곳에서는 관객석에 그냥 앉아만 있을 때도 격식을 갖춘 복장 규정을 지켜야 했다—최우수 학생들이 파가니니의 카프리치오를 〈반짝반짝 작은 별〉인 양 수월하게 연주하는 모습을 지켜보았다. 겸손해지다가 여기서 더 겸손해질까봐 겁이 난 나는, 다섯 시간의 의무 연습이 끝난 후에도 방에 남아 세 시간씩 더 연습했다. 모기들이 출랑대며 방충망에 달라붙었다가 떨어졌고, 죽은 지네 껍질이 쓸쓸하게 나무 문틀에서 발견되었다. 나는 활 잡는 법을 고친 다음 레가토,* 스피카토,** 마르틀레,*** 활 끝과 프로그**** 사용하기, 현 크로싱과 한 현씩 긋기까지, 떠올릴 수 있는 모든 운궁법을 연습하는 데 그 시간을 다 할애했다. 머리에 새로운 방식을 때려넣고, 거의 일평생 쌓은 근육 기억을 지워 올바르게 재구성해야 했다. 바로 이 부분, 새롭게 달

---

* '둘 이상의 음을 부드럽게 연주하라'는 뜻의 음악 용어.
** 활을 현에서 튕기면서 음을 가늘고 짧게 끊는 주법.
*** 활에 탄력을 주면서 현을 누르듯이 힘있게 켜는 주법.
**** 활 밑의 손잡이 부분을 말한다.

라져야 할 뿐 아니라 이미 알고 있는 것을 지워야 한다는 것이 가장 힘들었다. 나는 이때까지도 미약하나마 희망을 놓지 못했고, 혹시나 매슬로 선생님 눈에 띄어 연주회에서 공연하는 기회가 찾아올지 모른다고 생각하며 기술 연습 도중 짬짬이 샤콘을 독학하기 시작했다.

그러나 당연히 그런 일은 일어나지 않았다. 팔 주를 마무리하는 마지막 레슨 때 매슬로 선생님이 나가려는 나를 불러 세웠다. 그리고 활 잡는 법을 고친 건 잘했지만 그것만으로는 부족하다고, 내가 솔리스트가 될 가능성은 희박하니 지금부터라도 학교 공부에 집중하는 게 낫겠다고, 참고로 요즘은 괜찮다 하는 오케스트라 단원 자리도 솔리스트 수준의 연주 실력을 요구한다고 말해주었다. 활 잡는 법을 고친 건 그렇다 치더라도, 복잡한 소근육을 조정해 왼손 자세를 고친다는 건? 그걸 지우고 다시 배운다는 건 어불성설이라고 했다. 심지어 내가 왼손 자세를 힘들게 고친다 한들 처음부터 그런 자세로 연주했을 매슬로 선생님의 제자들이 한 트럭이었다. "샤콘은 연주하지 마. 너에게는 너무 어려운 곡이야." 내가 심히 풀죽어 보였던지 선생님이 좀더 상냥하게 말을 덧붙였다. "그걸 배울 기회는 언제든 있을 거야. 평생 함께하게 될 작품일 테니까." 옳은 말이긴 했다. 샤콘은 끝마치지 못한 일의 그림자가 되어 계속 나를 괴롭혔다.

그리고 그게 지금 내가 샤콘을 다시 시도하려는 이유다. 이제 진짜 그만두기 위해서, 드디어 그 악마를 쫓아내기 위해서, 그 유령의 넋을 위로해 마침내 편안한 쉼을 주기 위해서 샤콘으로 돌아왔다. 메도마운트 캠프에서 돌아오고 바로 바이올린 연주를 관둔 건 아니었다. 오히려 더 열심히 연습했다. 두고 봐요, 매슬로 선생님. 나는 이를 갈았다. 이후 더 많은 대회에 나가 입상했고, 청소년 심포니의 악장이 되었고, 콜로라도 전역의 여러 오케스트라와 협주곡을 협연했다. 그러나 여전히 마음 깊은 곳에서는 영원히 부족하리란 것을 알았다. 지루한 반복, 피로 물든 손톱, 야속하게 깊은 밤을 견디며 내가 연습에 매달렸던 것은 나중에 가면 다 보상받으리라고 나 스스로 확신을 얻고 싶어서였거나, 그럴 일은 없으니 나 자신을 벌하기 위해서였을 것이다. 둘 중 무엇이 진실인지는 나도 잘 모르겠다.

갑자기 그만두고 싶다고, 이젠 진짜 그럴 수 있을 것 같다고 느낀 순간은 그해 여름으로부터 사 년이 더 흘러 아빠가 우리를 떠났을 때 찾아왔다. 늘 음악을 싫어했던 아빠는 연습 시간과 장소를 제한했고, 집안에서는 노래를 부르거나 심지어 휘파람 부는 것도 금지했다. 내가 이십 년 가까이 바이올린을 연주하는 동안 아빠가 내 공연을 보러 온 횟수는 한 손에 꼽고도 남는다. 아빠가 참석한 몇 번의 공연 때 나는 아빠가 어디 앉아 있는지 단박에 알 수 있었다. 휴대전화 화면의 푸른빛이 퍼져나오는 자리를 찾으면 되었다. 내가 바이올린에도 아빠에게도 영원히 부족한 사람이라는 절망감은 아빠가 우리를 떠나면서 현실이 되었고, 더는 묵과하기 힘들어졌다. 이번에는 더 열심히 노력하면 나아지리라고 스스로 다독일 수조차 없었는데, 그것도 나름의 위안이 되었다. 그것이 사람이 되었든 사물이 되었든, 나를 사랑해주지 않는 대상을 사랑하려고 굳이 애쓸 필요가 있나? 아빠가 떠난 후로 나에게는 더이상 열심히 노력할 필요가 없다는 변명이 생겼다.

  샤콘을 배우는 지금의 나에게 이렇다 할 목표는 없다. 내 연습의 방향이 향해야 할 연주회나 마스터 클래스가 예정되어 있지도 않고, 열심히 연습한 대가로 얻을 보상도 없다. 아니, 이번에 나는 그만두기 위해 연습하고 있다. 그 끝은 샤콘이어야 한다.

  그래서 다시 처음으로 되돌아가 얘기하자면, 문제는 D단조 화음이다. 그리 어려운 대목은 아니다. 손끝에 감도는 화음의 그림자를 느낄 수도 있다. 하지만 활을 그을 수가 없다. 내가 무엇을 느끼는지 누군가에게 이야기하고는 싶지만 형용할 단어를 찾지 못하는 기분이랄까. 내 입에서 어떤 말이 나올지, 나 스스로 얼마나 실망하고 경악하게 될지 두려워서 결국 말을 삼키게 된다.

  바흐는 자기 겸양의 대가다. 단순히 음악이 온화해서가 아니다. 오히려 바흐의 음악은 화성 패턴의 대담함과 명확성에서 비

롯한 자신감에 차 있다.* 바흐는 우리가 아는 서양 조성을 확립한 인물이기도 하다. 오늘날 우리가 음악을 감상할 때 느끼는 긴장과 해소의 감각(그리고 그에 수반하는 감정), 즉 어느 화음이 서로를 원하고 밀어내는지, 무엇이 어둡거나 밝은지에 관한 감각은 바흐에게 빚진 것이다. 그의 성격에 관해서는 그다지 알려진 바가 없지만, 음악만큼이나 바흐 자신도 그리 소심한 사람은 아니었다. 휴가를 가서 계획보다 석 달을 더 머무른다거나, 교회 바순 연주자의 공연을 험담했다가 지팡이로 공격당해 그와 결투를 벌이고, "음악을 만들기 위해" 교회 오르간실에 "정체불명의 여인"을 들이는 사건들로 자신을 고용한 교회들과 자주 문제를 일으켰고 질책당하기 일쑤였다. 그럼에도 바흐의 음악이 자기 겸양을 보여주는 까닭은 자신의 흔적을 거의 담고 있지 않아서다. 바흐는 연주자의 해석에 세세히 관여하지 않는다. 셈여림, 아티큘레이션, 운궁법, 박자 조절 등을 악보에 하나하나 지시하는 일도 드물다. 바흐는 이 모든 것을 연주자의 재량으로 남겨둔다.

이러한 절제는 바로크시대 작곡가들의 이례적인 특징은 아니

---

* 바흐는 곡에 자신의 음악 시그니처를 슬쩍 집어넣기도 했다. 주제를 연주하는 대목에 B♭-A-C-B♮ (독일에서는 B♭를 그냥 B로 표기하고 B♮를 H로 표기하므로 B-A-C-H가 된다)로 이뤄진 음 배열이 바로 그의 시그니처다. 그렇다고 해서 바흐의 음악에 감정적 표현에 대한 지시가 부재한다는 사실이 달라지지는 않는다고 생각한다. 바흐는 자기 음악 안에 존재하지만, 네 개 음으로 쪼개져 있어 연주자가 자기 의지대로 그 음들을 형성하고 해석할 수 있도록 허용한다. —(원주)

다. 이미 완성된 곡도 공연 도중 어느 정도 즉흥연주되는 게 다반사였기에 작곡가들이 악보를 자세히 기록하는 경향이 지금보다 덜했다. 연주자들은 독주 라인에 떤꾸밈음과 장식음을 더했다. 어떤 때는 즉석에서 만든 소규모의 카덴차를 덧붙이기까지 했다. 그래서 작곡가들은 연주자가 누구든지 간에 음악 연주의 관습을 알고 그 테두리 안에서 즉흥연주도 할 줄 안다는 가정하에 곡을 썼다. 그런데 시간이 흐를수록 작곡가들은 자기 곡이 어떻게 해석됐으면 하는가를 점차 구체적이고 까다롭게 요구하기 시작했다. 긴 머리와 이글이글한 눈매의 베토벤은 후기 고전/초기 낭만시대 인물에 속하는데, 셈여림을 구체적으로 지정하고, 음악이 요란했다가 잔잔해지는 속도를 갑작스럽게 바꾸는 것으로 잘 알려졌다. 한 박에서는 세게, 그다음 박에서는 여리게, 그러다 느닷없는 소리의 명암 대비로 둘을 합치는 식이다. 베토벤의 스타일은 격정과 부드러움 사이를 획획 오갔던 그의 변덕스러운 성격과 어울렸다.

그런데 바흐의 음악에는 서양의 정전은 물론 바로크시대의 여타 작곡가들과 구분되는 특징이 있다. 어쩌면 자기 겸양이 적절한 단어가 아닌지도 모르겠다. 분명히 바흐는 자기 음악 안에서 존재를 드러내며 고유한 스타일을 구축했다. 바흐의 음악은 자기 과시를 억누르는 듯한 절제의 특징을 지닌 것에 더 가깝다. 바흐의 음악은 그 자신과만 관련있는 게 아니다. 이는 바흐가 거의 일평생 예배를 위한 곡을 지었으며 신을 독실히 믿었다는 맥락에서 바라볼 필요가 있다. 바흐가 작곡한 교회 음악은 1천여 곡에 달하는데, 그는 거기에다 빠짐없이 'SDG', 솔리 데오 글로리아Soli Deo gloria라는 표어를 적어넣었다. '오직 신께 영광을'이라는 뜻이다. 기도를 통해 신께 영광을 돌리는 방식, 즉 말로만 예배하는 것이 아니라 그분 앞에서 무릎을 꿇는 행위 자체, 바로 그것이 바흐의 작곡이었다. 바흐는 자기 음악이 신께 바치는 귀중한 봉헌이 될 수 있도록 음악에서 자신을 소거했다.

이 깊은 겸허함은 바흐가 작곡한 세속 음악에도 그득히 담겼다. 바흐의 세속 음악은 외적인 표현력보다 구조와 형식에 몰입해 자신을 나타낸다. 바흐는 거의 모든 곡을 대위법으로 지었다. 동시에 독립적으로 흐르는 선율들이 다중으로 전개되므로 하나의 소리가 다른 소리들을 오래 압도하는 특권을 누리지 못한다. 그 대신에 소리들은 끊임없이 논쟁하고 대화한다. 바흐는 배경에 깔리는 보조 파트와 대조되어 하나의 소리가 두드러지게끔 선율을 지은 것이 아니라 주제, 악구 토막들, 또는 화성의 움직임을 지은 것이었다. 그것들이 해체와 재구성, 수축과 증강을 거치며 층층이 쌓아올린 제단 위에서 바흐는 신을 찬양하고, 그를 통해 연주자는 자신을 신께 바친다. 구조 전체가 내부적으로 정당성을 갖도록 각각의 주제에 의미를 부여하고, 모든 소리에 적당한 무게를 분배하고, 소리들의 상호작용 속에서 감정을 찾아내는 것은 연주자의 몫이다. 연주자는 바흐와 함께 겸허히 음악의 구조를 짓는 일을 맡은 셈이다. 어렵지만, 근사해 보이는 일은 아니다. 여느 바이올린 협주곡에 등장하는 기교의 향연, 날아다니는 활 놀림과 저돌적인 흐름, 음악 자체는 물론 연주자의 역량에서부터 비롯되는 고양감도 없다. 연주자는 협주곡 중 느리고 선율이 풍부한 악장에서조차 자기표현과 작곡가의 의도 사이 미묘한 중간 지대를 발견해야 하는데, 바흐의 음악에서 둘의 차이는 미미하다. 바흐의 음악은 감정 그 자체이기 때문이다. 가릴 것도, 숨을 곳도 없고, 황홀감이나 고통을 덜어줄 것도 없다. 데 프로푼디스 클라마비 아드 테 도미네 de profundis clamavi ad te Domine, 오, 주여, 심연에서부터 당신께 부르짖나이다. 바흐는 순수한 감정을 있는 그대로 드러내기 위해 작곡가와 연주자의 자아를, 그것의 모든 방어기제와 욕망을 발가벗긴다. 기나긴 침묵 끝에 고백하는 죄, 기도하며 조아리는 머리.

메도마운트 캠프에서 홀 건너편 방을 썼던 여학생 테건 또한 나처럼 샤콘을 연습했다. 우리는 하필 같은 시간에 그 곡을 연주할 때가 많았다. 가끔은 의도하지 않게 카논을 연주하듯 두 개의 외딴 소리가 서로를 뒤쫓았다. 우리는 샤콘을 해석하기가 얼마나 어려운지, 각각의 변주를 어떻게 의미화할지 이야기를 나눴다. 나는 음을 바로 짚는 데만도 애를 먹었으나, 테건은 어떻게 헤쳐 나갈지 자기만의 방법과 생각이 있었다. 테건은 사랑하는 사람을 잃고 나면 시간의 흐름과 함께 부정, 분노, 타협, 우울, 수용의 단계를 지나게 되는데, 샤콘이 그 다섯 단계의 슬픔을 나타낸다고 보았다.

테건의 해석은 나에게 깊은 인상을 남겼다. 수년이 흘러 바흐 악보집을 펼쳐 샤콘 악보를 보자마자 그애가 했던 말이 퍼뜩 떠올랐다. 악보 첫 장의 위쪽 귀퉁이에는 십대 시절 내가 정성껏 적어둔 '슬픔의 단계들'이라는 말이 그대로 남아 있었다. 지금 생각하면 단계들을 과연 그렇게 명확히 구분할 수 있는지, 애초에 슬픔을 단계별로 나눌 수 있는지 의문이 든다. 단계라는 말에는 시간의 흐름에 따른 진전이라는 의미가 암시되어 있고, 그래서 슬픔이 선형적이라는 환상을 주지만, 내가 겪은 슬픔은 그렇지 않다. 샤콘을 끝까지 들어보아도 음악이 주는 슬픔을 통과해 나왔다는 느낌은 전혀 들지 않는다. 슬픔은 여전히 그 자리에, 변함없이 날것 그대로 남아 있다. 내가 느낀 것, 혹은 그 순간에 느꼈던 것은, 그 많은 형식과 고통스러운 변주들로 등장하는 감정을 오롯이 경험(또는 포용)하는 것이다. 나는 나를 내려놓은 채 느끼고, 기억한다.

샤콘은 시작할 때와 같은 방식으로, 즉 여전한 애통함으로, 침묵을 찢는 여덟 개의 주제 마디로, 우렁찬 고함이자 목놓은 통곡으로, 심연de profundis에서 지르는 절규로 끝이 난다. 내게 끝과 시작의 이러한 동시성은 샤콘 전체가 하나의 순간 안에서 펼쳐진다는 인상을 준다. 주제의 선언과 재선언 속에 담긴 이 곡은 처음부터 끝까지 그 감정을 명상하며 도입부 마디들의 기억을 예순네 번 변주한다. 변주들은 화음 진행이 조금씩 다르지만 똑같은 원형圓形을 유지한다. 시작할 때와 똑같이 끝날 때도 D단조의 울림으로 끝이 나고, 끝과 시작이 만나는 완벽한 타원의 형태 속에서 자연스럽게 다음 변주로 넘어간다. 선형적 단계의 형식을 취하는 게 아니라 반복적이고 원형적인 변주, 서로 안에 파묻혀 있는 다양한 감정과 기억의 형식을 취한다. 하나의 원마다 기억과 슬픔의 세상이 들어 있다. 마치 순간이 활짝 열리고, 시간의 파동이 커지고, 진동이 느려지듯.

음악의 형식은 본질적으로 시간과 관련있다. 그것은 시간에 형태를 부여하거나 적어도 해당 곡을 진행하는 속도와 방식을 지정한다. 어디서 앞으로 나아가고 뒤로 돌아가지? 어느 순간이 팽창하고 어느 순간이 수축하지? 마찬가지로 기억은, 가장 보편적이되 지극히 개별적인 시간 구조로서, 한 인생의 시간 속 경험에 형식과 형태를 부여한다. 우리는 동시적으로 흐르는 동심원의 기간을 살고 있다. 과거의 연대표가 지금 막 펼쳐지는 현재의 즉시성 안에 똬리를 틀고 있다. 기억은 그 둘 사이에 환유적인 합동 관계를 생성한다. 그렇게 뒤섞인 과거와 현재 속에서 지난날의 자아들이 지금의 우리와 함께 나아간다. 그런데 슬픔은 이 동력에 파열을 일으킨다. 댐이 터지고, 그 물살이 모여 기억, 욕망, 후회의 소용돌이가 된다. 과거의 상태와 모습으로 끝없이 되돌아가려는 그 소용돌이에서 탈출하기란 불가능에 가깝다. 바흐는 이를 이해했으며, 샤콘을 통해 슬픔이 지닌 모든 중력의 양상을 나타냈다. 우리는 곡의 순환과 회상과 변주를 통해 그것을 끊임없이 경험한다. 상실을 뒤로하고 나아가는 것은 불가능하며, 그로부터 시간상으로 멀어질 뿐이다. 그러다 갑자기 한순간에 모든 것을 도로 기억하게 된다. 과거가 되살아나고, 그 순간 봉인된 슬픔 안으로 샤콘 전체가 풀려나면, 관련된 기억들과 묻어둔 감정이 소용돌이친다. 이렇게 샤콘은 동일한 생각, 끝이자 시작인 동일한 악구에 에워싸인 채, 상실의 감정에 휩쓸려 빠져들어간 기억의 웜홀에서 동일한 감정을 다시 마주하게 되는 느낌에 갇혀 있다. 이는 기억이 시간 속 어느 순간을 팽창시키는 방식이기도 하다. 슬픔은 고통스럽게 팽창된 그런 순간들을 거듭 경험하는 것으로, 대부분 경고도 없이 찾아온다…… 과거에서 벗어난 줄 알았는데 불현듯 다시 과거가 떠오르고, 또다시 숨이 막혀오고, 상실에서 도망칠 곳이란 없음을 다시금 느끼게 된다.

메도마운트 캠프에서의 팔 주가 절반쯤 지났을 무렵, 레슨을 봐주던 매슬로 선생님은 내가 연주하기 시작한 샤콘을 삼십 초 만에 중단시켰다. 막 도입부의 주제를 마친 참이었다. 유명한 그 여덟 마디는 네 개의 금속 현에 인간이 지닌 모든 고통의 무게를 얹는다. 선생님의 표정을 보니 연주가 썩 마음에 들지도, 성에 차지도 않은 듯했다. "자." 매슬로 선생님이 말했다. "지금 다 엉망이야." 선생님은 한숨을 쉬고 레슨실 창밖을 바라보았다. 화창한 오전이었다. 저멀리 점처럼 작게 보이는 농부가 풀밭에서 찬찬히 소떼를 몰고 있었다. 매슬로 선생님은 갑자기 마음을 바꾼 듯한 표정으로 다시 나를 보았다.

"이 곡의 이야기를 알고 있니?" 선생님의 목소리는 무척이나 지쳐 있었다. 나는 안다는 뜻으로 고개를 끄덕였다. 캠프에 오기 전 마우러 선생님이 그 이야기를 들려준 적이 있었다. "그러니까 이건, 반복을 견디는 곡이야." 매슬로 선생님은 그러면서 마리아 바르바라 바흐의 이야기를 꺼냈다. 다 마치기까지 시간이 제법 걸렸다. 선생님이 레슨 시간을 때우려는 것 같다는 의심이 희미하게 들었다. 나는 손이 굳고 자꾸만 땀이 나서 셔츠에 연신 손을 닦았다. 혹시 선생님이 다시 연주를 시킬지 모르니까.

"그런데 이 이야기만 있는 게 아니란다. 어떤 사람들은 바흐가 그리스도의 일생을 생각하며 소나타와 파르티타 연작을 작곡했다고 생각해. 나도 그 주장이 더 신빙성 있다고 봐. 알다시피 바흐는 아주 독실했으니까. 샤콘은 그리스도가 십자가에 못박힌 장면을 묘사하는 것이고, 그러니 사이클에서 가장 중요한 대목이야. 전체 사이클 중 가장 긴 악장이고 가장 높은 클라이맥스에 오르지. 단조의 끝이기도 해. D단조 파르티타 뒤에 나오는 세번째 소나타와 파르티타는 전부 장조잖니. 말하자면 사이클이 부활하는 셈이지. 샤콘은 부활 전의 수난인 것이고."

우리 가족이 이따금 방문하는 덴버 세인트존스대성당의 스테인드글라스에 그려진 십자가형 장면이 떠올랐다(주로 크리스마스와 부활절에 형식적으로 다녀오곤 했다. 아빠는 우리가 일 년치 죄를 이틀 만에 면죄받는 것이라고 농담하곤 했지만, 나는 한 번도 가벼워진 마음으로 성당 문을 나선 적이 없었다). 나는 음산한 스테인드글라스 속 그림들을 무서워했다. 특히 십자가형 장면은 똑바로 보기조차 어려웠다. 십자가 발치에 끔찍하게 일그러진 얼굴들, 그리스도의 옆구리에서 뿜어져나오는 피. 납으로 된 창문의 가로 틀은 인물들을 결박한 검은 밧줄 같았다. 어둑한 조명, 퀴퀴한 촛불 냄새, 엄숙한 분위기, 돌에 조각된 성인들의 소름 끼치는 황홀경까지, 대성당은 공간 자체가 조금은 병적인 매력을 품고 있었다. 성찬식 때 제단 앞으로 나가면 스테인드글라스를 외면하기가 어려웠다. 어렸을 때 아빠와 함께 통로를 지날 때면 정면의 스테인드글라스를 흘끔 보고는 곧바로 아빠 옆구리에 얼굴을 파묻었다.

지금도 샤콘을 들을 때마다 그때 그 스테인드글라스가 떠오른다. 아마도 매슬로 선생님에게 그 곡을 처음 배운 날이 기억에 너무 깊이 각인되었기 때문인 듯하다. 그런데 이제는 그 기억을 이후의 기억과 분리하기가 힘들어졌다. 아빠 없이 처음으로 세인트존스대성당에 간 날, 결코 종교적인 사람이 아니었던 아빠가 희한하게 외우고 있던 니케아 신경을 깊은 저음으로 암송하는 소리가 더이상 들리지 않는다는 것, 아빠가 스테인드글라스의 푸른빛을 손목시계 알로 반사해 천장에서 작은 동그라미가 춤추게 하는 '시계 게임'을 하는 동안 웃음을 참을 일도 이제는 없다는 것이 어떤 기분이었는지. 샤콘을 배우던 기억은 이런 기억과 떼어놓을 수 없다. 아빠는 설교 시간에 가만히 앉아 있는 걸 참으로 힘들어했다. 그 점에서는 거의 어린애와 다르지 않았다. 나와 동생들이 아주 어렸을 때는 이를 핑계삼아 우리를 데리고 빠져나가 성당 뒤편을 거닐며 시간을 보냈다. 그래도 예배가 끝나기 전 찬송가를 부를 때면 꼭 자리로 돌아왔다. 회중은 성가대와 함께 크리스마스 날에는 〈천사 찬송하기를〉을, 부활절에는 〈부활하셨다〉를 불렀다. 아빠는 이런 노래들을 참 좋아했는데, 나는 정말 이해할 수 없었다. 집에서는 우리에게 노래도 못 부르게 하면서 찬송가를 그렇게 좋아한다는 게 늘 이상했다. 어렸을 때는 아빠가 내 옆에서 노래를 부른다는 게, 그리고 내가 아빠 옆에서 노래한다는 게 기적 같았다. 아빠가 떠나고 첫 크리스마스 날, 찬송가를 부르러 자리에서 일어났을 때 목소리가 나오지 않았던 것을 기억한다. 음악이 나를 지나쳐 흘러가는 것을 들으면서, 나는 시간의 물결에 박힌 돌덩이가 된 듯한 느낌을 받았다. 제단과 스테인드글라스를, 이름 모를 주변 사람들을 둘러보았던 것도 기억한다. 몇몇은 고개를 숙인 채 기도를 드렸고, 몇몇은 곧게 서서 찬송가를 불렀다. 나는 마치 시간 밖으로 빠져나온 사람처럼 멍하게, 갈피를 잡을 수 없는 슬픔에 잠겨 두리번거렸다. 아무것도 달라진 게 없는데, 모든 게 바뀌어 있었다.

―

　이십 분째 샤콘을 시작하지 못한 나는 관두고 음계 연습을 하기로 했다. 빈둥댈 거라면 차라리 그게 생산적이었다. 시작은 옥타브 연습이었다. 손가락 하나로 현을 하나씩 짚어가며 차례로 옥타브를 올린다. 그러면서 느낌을 수집하고 마음에 새긴다. 꾸준히 연습해야 생기는 여섯번째 감각이 여전한지, 각 음이 맞아떨어지는 지판 위 보이지 않는 지점을 지금도 직관적으로 짚을 수 있는지 시험해보며. 처음에는 조금 불안정하더니 이내 감이 살아난다. 왼쪽 손목이 살짝 시큰하다. 통증은 과거의 흔적이다. 한동안 연주를 하지 않다가 다시 시작하려고 하면 손목에 이런 찌릿한 통증이 찾아온다. 마치 내가 너무 오래 게으름을 피웠거나 자리를 비운 것을 나무라는 듯이. 애초에 너무 많이 연주해서 생긴 통증이라는 점에서 아이러니하지만.
　진지하게 바이올리니스트가 되고 싶다고 결심한 열네 살 때, 몇 달간 올바르지 않은 기술로 과하게 연습한 끝에 왼쪽 손목 인대가 파열 직전까지 늘어난 적이 있었다. 얼마 안 가 오른쪽 손목도 탈이 났다(나는 내 생각만큼 활을 유연하게 잡지 못했다). 마우러 선생님은 현란한 운궁법을 써야 하거나 손목을 한껏 꺾는 하이 포지션 이동이 필요한 고난도 연습곡과 협주곡을 일절 연주하지 못하게 했다. 이후 여섯 달 동안 나는 바흐 곡만 연주했다.

그 육 개월 동안 나는 내가 낯설었다. 십 분만 연주해도 손에서 힘이 빠졌다. 남는 연습 시간을 어떻게 써야 할지 난감했다. 그래도 매번 할 수 있을 때마다 소나타와 파르티타를 연주했다. 이 곡들은 협주곡이나 파가니니의 카프리치오처럼 과시하지 않는다. 화려한 기술의 향연을 요구하지도, 하이 포지션 이동이나 번갯불처럼 빠른 속도를 요구하지도 않는다. 따라서 손에 심한 무리가 가지 않았다. 바흐의 곡들은 내가 나와 멀어지지 않게 곁에서 붙들어주었다. 나는 조금씩 바흐의 곡을 이해하게 되었고, 여태껏 연주한 어느 곡보다도 사랑하게 되었다. 그렇게, 샤콘을 제외한 모든 곡을 익혔다.

처음 바이올린을 시작할 때는 열심히 하면 성공할 수 있을 거란 말을 듣는다. 내가 절대로 바라는 모습이 될 수 없으리라는 현실을 깨닫는 순간부터 그 약속은 절실하게 믿고픈 교리가 되고, 그 믿음을 악착같이 붙들게 된다. 나는 메도마운트 캠프의 경험이 그 믿음을 흔들었다고 생각하지만, 그런 경험은 나이를 먹고 내가 질 수밖에 없는 싸움을 하고 있다는 걸 깨닫게 되면 어차피 겪게 되는 듯도 하다. 그냥 더이상 믿음을 붙들고 싶지 않아진다.

연습실 거울 앞에 서 있는 지금, 나는 다시 시작해보려 하지만 예전의 믿음은 이제 없다. 나는 생각한다. 바보, 왜 그렇게 기를 쓰고 관두려 했어? 사실은 관둘 생각이 전혀 없었던 거 아냐? 너는 두려웠던 거야. 열네 살 때 손힘이 부족해 연주할 수 없었던 것처럼 어쩔 수 없이 멈춰야 하는 게 두려워서. 달라진 게 있다면, 이번에 힘이 없는 쪽은 네 손이 아니라 너 자신이라는 거지. 이제는 받아들여야 하지 않겠니? 바이올린을 네 본업으로 삼을 수는 없을 거라고, 네가 생각했거나 꿈꾸었던 방식으로는 삶의 일부가 되어주지 않을 거라고. 그래, 그걸 받아들여야 할 거야…… 하지만 반대의 사실 역시 받아들여야 해. 이건 영원히 너의 일부분일 것이고, 너는 절대 관둘 수도, 그게 너를 떠나게 둘 수도 없어. 바이올린을 향한 네 사랑으로부터 절대 벗어날 수 없을 거고, 그동안의 헌신적인 연습과 연습된 헌신으로 세뇌시킨 믿음으로부터도 영원히 벗어날 수 없을 거야. 열심히 노력하면 언젠가 바라는 모습의 바이올리니스트가 될 수 있으리라는 그 믿음 말이야.

　나는 바이올린에 대한 혐오를 품은 채 메도마운트 캠프에서 돌아왔다. 이후로 줄곧 그랬다. 그게 바이올린을 계속 사랑하는 것보다 쉬웠다. 우리를 떠난 아빠는 양육권 소송을 진행하는 중에 제출한 법정 진술서에다 딸이 연습만 하고 사느라 "부적응적인" 행동을 보인다고 적었다. 아빠는 내가 바이올린을 싫어한다는 사실을 몰랐다. 그 이유가 바이올린 때문에 동생들, 엄마, 그리고 아빠와 함께하는 시간을 잃었기 때문이라는 것도. 내가 바이올린에 바친 시간은 이제 와 되돌려받을 수 없다. 우리 가족이 더이상 함께이지 않기에 더욱 그렇다. 그러나 동시에 바이올린은 내가 어떤 존재이며 존재였는가를 체현하고 표현한다. 바이올린을 연주하는 순간, 나는 아주 잠시나마 다시 과거의 내가 되어 살아간다.

 대학 2학년 때 바이올린을 관두기 직전, 나는 고향 덴버를 방문해 리사이틀을 열고 바흐 곡 몇 악장을 공연했다. 고등학교 졸업 전에 받은 장학금의 조건을 채우기 위해서였다. 마우러 선생님도 공연에 와주었다. 선생님은 공연 후 나를 찾아와 격식 있게, 그러나 무척 따뜻하게 안아주었다. 매슬로 선생님과는 전혀 다른 분이었다. 마우러 선생님은 학생이 성공할지 실패할지를 절대 재단하지 않았고, 아이가 어떤 진로로 가게 될지(혹은 못 가게 될지) 단언하지 않았다. 선생님 자신은 타고난 천재로 어려움 없이 바이올린을 연주하는 듯 보였지만, 그래도 누구나 열심히 연습하면 성공할 수 있다고 진심으로 믿는 분이었다. 연습하지 않으면, 글쎄, 운이 따라줄 리 없었다. 선생님은 내가 그때까지도 바이올린을 놓지 않고 계속하고 있으며, 과거와 똑같이 가망 없는 노력을 하고 있다는 사실에 대견해하면서도 조금 놀란 눈치였다. 레슨 때 마우러 선생님은 내가 연주하는 곡의 악보를 들고서 내가 엉망으로 했거나 개선해야 할 부분 밑에다 작게 엑스 표시를 적어넣고는 했다. 지난주보다 나아진 부분이 있으면 엑스에 단정한 모양의 동그라미를 쳐주었다. 결코 뭉툭해지는 법이 없었던 검은색 HB 연필로.

"대학 졸업 후에는 어떻게 할 생각이니, 내털리? 음악 대학원에 가고 싶니?"

"네." 나는 잠긴 목소리로 대답했지만, 정말로 음악 대학원에 갈 생각은 전혀 없었다.

"어디로 갈 생각인데?"

"아마도 줄리아드요?" 사실 나는 처음부터 '제일야드'*에 가고 싶지 않았다. 고등학교 때 그곳을 방문한 순간 이미 나는 그곳이 감옥임을 확신했다. 적어도 나는 그렇게 느끼게 되리라고.

마우러 선생님은 환히 웃어 보였다. 내가 열심히 연습해 실수를 전부 바로잡은 것을 보고 엑스에 빠짐없이 동그라미를 쳤을 때처럼.

"바이올린과 떨어질 수가 없는 운명이구나." 선생님이 미소 지었다.

"네." 내가 대답했다. 이 대답만은 진실이다. 내가 얼마나 간절히 원하고 열심히 노력하든 간에, 나는 바이올린과 떨어질 수 없다.

---

*Jailyard. 줄리아드(Juilliard)의 별칭으로, '감옥 마당'이라는 뜻이다.

연습실 바깥의 홀은 깜깜하다. 밤 열시 반, 곧 문 닫을 시간이다. 짐을 싸서 집으로 돌아가려는 순간, 옛날에 메도마운트 캠프에서 매슬로 선생님에게 들었던 또다른 말이 불현듯 떠오른다. "늘 처음부터 시작할 필요는 없어." 선생님은 내가 연습하는 방식을 마음에 들어하지 않았다. 나의 연주는 도입부가 중반부나 마지막보다 언제나 훨씬 더 나았다. 레슨 전후로 도입부 연습에 매달렸고, 그러느라 시간이 부족해 나머지 부분을 충분히 다듬지 못했기 때문이다.

샤콘 중반부에는 한 번의 호흡보다도 짧지만 왠지 영원처럼 느껴지는 정지 구간이 나온다. D단조의 요동하는 보랏빛 어둠이 잦아들고, 침묵에서부터 현을 희미하게 만지는 듯한 손길, 산뜻한 바람의 숨결처럼 하나의 D장조 화음이 시작된다. 이전과 똑같은 주제를 변주하지만, 화음의 형태를 채워넣는 주변의 화성은 D장조로 바뀌어 있다. D단조가 어둠이라면 D장조는 빛이다. D단조의 장엄함을 나눠 갖되 그것의 슬픔과는 단절된다. 찬란하고 열정적이며, 생명으로 가득차 반짝인다.

이 구간은 절정을 향해 하나의 긴 크레셴도*를 그린다. 개방현

---

* '점점 세게 연주하라'는 뜻의 음악 용어.

상태로 손가락을 올려놓지 않고 그저 활을 누비면, 현들의 선명한 소리가 충만하고 광포하게 울려퍼진다. 바이올린 연주자에게 굉장한 즐거움을 주는 대목이다. 개방현 상태에서는 바이올린이 통째로 전율하기 때문에 활을 놀릴 때 목과 어깨로 나무의 울림이 고스란히 느껴진다. 메도마운트 캠프에서 샤콘을 배울 때 나는 이 대목만은 헤매지 않았다. 이해가 갔고, 자유로움을 느꼈다. 지금도 그때 그 태동이 나를 압도하던 느낌을 기억한다. 나와 바이올린이 하나가 되고, 강렬하고 황홀하게 현존하는 느낌. 여기서 바흐는 또하나의 반복적인 요소를 덧붙인다. A 또는 D의 음들이 삼위일체로 반복되는 이 구간은 마치 타종 소리를 연상하게 한다. 음들이 한 악구의 끝과 다음 악구의 시작을 연결하고 하나의 연속적인 움직임으로 확장하며 일종의 타원을 생성한다. 알파이자 오메가이며, 시작이자 끝이다. 계속되는 종소리는 현재의 순간을 반복해 선언한다. 이를 연주하려면 바이올린의 높은음부터 낮은음까지 개방현을 가로지르면서 바이올린과 순간의 깊이를 소리로 표현해야 한다. 반복되는 음들은 잔잔하고 감미롭게 시작되어 울림과 온기를 키워나가 종국에는 억누를 수 없는 기쁨을, 환한 감정의 분출을, 산꼭대기에서의 외침을 울려 퍼뜨린다. 바로 그곳, 슬픔의 한가운데에서 성스러운 존재를 감지하게 된다. 음악은 스스로 억제할 수 없을 때까지 계속 쌓여가고 고조된다. 그러는 동안 앞으로 쏟아지는 빛과 나의 내면으로부터 나오는 기쁨을 느낀다. 반복이 더해질 때마다 감정은 강렬해지고, 확신은 깊어지며, 현재의 순간은 과거로부터 더더욱 자유로워진다.

그동안 나는 D장조 구간이 얼마나 아름다운지, 얼마나 모든 것이 현재에 충만하게 들리며 생동감 있게 느껴지는지를 잊고 살았다. 이 구간은 곡 전체를 통틀어 기억이 유예되는 유일한 순간으로, 잠시나마 아름다운 무언가에 의해 슬픔에서 벗어날 수 있다. 그 아름다움이란 비가 그친 후 푸른 언덕의 풍경, 스테인드글라스 창문에 어린 푸른빛, 바이올린의 목소리다. 어쩌면 내가 다시 시작할 지점, 되돌아갈 방법이 바로 여기 있는지도 모른다. 맨 처음으로 돌아가 익숙한 좌절과 절망에 얼굴을 들이박는 게 아니라, 계속되는 기억의 샤콘 속에서 순환하며 일종의 은총을 기대해보는 것, 그저 연주하는 것만으로 충분한 순간이 찾아올 때까지 협상과 화해를 해보는 것.

이제 나는 왼손으로 D장조 화음의 자리를 짚고, 현 위에 활을 댄 채, 다가올 음들을 느낀다.

회전하는 세계의 정지점

> 회전하는 세계의 정지점.
> 육체가 있지도, 없지도 않은,
> 무언가로부터도, 무언가를 향해서도 아닌
> 정지점 그곳에 춤이 있다……
> ―T. S. 엘리엇, 「번트 노턴」

11월의 어느 추운 저녁, 지각할 것 같아 서둘러 쿼드*를 향해 걷고 있는데 웬 남자가 하얀 입김을 뿜으며 빠르고 힘차게 나를 앞질렀다. 토머스인가 싶었지만 얼굴을 정확히 확인하지 못해 순

---

* 하버드대 캠퍼스 내 기숙사들이 모여 있는 래드클리프 쿼드랭글(Radcliffe Quadrangle) 구역을 줄인 명칭.

간 조심스러워졌다. 혹시라도 덜컥 인사를 건넸다가 토머스가 아니면 낭패였다. 한 오 분쯤, 조금 음침하다시피 거리를 두고 남자를 뒤따르던 나는 그래, 저 남자는 정말 토머스야, 라고 확신했다. 그는 키가 컸고 걸음걸이가 씩씩했다. 이날 저녁에는 오른쪽 어깨에 녹색 배낭을 걸친 채 왼팔을 힘있게, 그러나 동시에 우아하게 휘두르며 걷고 있었다. 그는 쿼드를 몇 블록 앞둔 인도 한가운데에서 잠시 멈추더니 길 건너편 건물을 촬영했다. 그가 걸음을 멈춘 지점에 도착해서야, 내 짐작이지만, 그를 사로잡은 풍경을 나도 보았다. 은은한 조명이 비추고 벽면 바닥부터 천장까지 책이 꽂힌 아파트 창가에서 피아노를 치는 어느 남자의 모습. 혼자 노래를 부르고 있는지 남자의 입술이 달싹였지만 내가 있는 위치에서는 들을 수 없었다.

쿼드 학생회관의 맨 위층에는 정중앙에 댄스 플로어가 있고 밝은 목제패널 벽이 주위를 둘러싼 아름다운 방이 있다. 다양한 옷차림을 한 열두 명(여자 일곱, 남자 다섯)이 그 안을 배회했다. 몇몇은 운동복 차림이었고, 직장이나 학교에서 곧장 왔는지 그냥 바지 밖으로 와이셔츠를 꺼내 입은 사람도 있었다. 실크 셔츠에 무용화를 갖춰 신은 사람들도 있었다. 토머스는 한쪽 구석에서 노트북으로 음악을 준비하면서 살랑거리는 와인색 스커트에 길게 머리를 땋은 미녀와 담소를 나누고 있었다. 무용화가 없는 사람들은 신고 온 운동화나 플랫 신발을 문가에 일렬로 가지런히 벗어두었다. 방안에서 희미하게 발냄새가 났다. 우리는 모두 탱고를 추기 위해 모인 사람들이었다.

정확히는 탱고 춤을 배우기 위해 모였다. 시각은 저녁 일곱시. 우리는 학기 내내 월요일마다 아르헨티나 탱고회가 주최하는 초급 수업을 들었다. 2011년에 비교문학과 대학원생이었던 토머스 비시니에프스키가 이 모임을 만들었다. 토머스는 이 수업과 이후 진행되는 중급반을 가르쳤다. 부에노스아이레스 출신의 전문 무용수이자 보스턴에서 학생들을 가르치고 공연도 하는 실바나 브리주엘라(와인색 스커트를 입은 여자)도 그와 함께했다. 두 사람은 모임이 만들어진 후로 팔백 명이 넘는 사람들에게 탱고를 가르쳤다. 오늘은 2018년 가을 수업이 십 주 차에 접어든 저녁이었다. 12월이 되면 마지막 밀롱가, 토머스의 표현을 빌리자면 '성대한 탱고 파티'가 열릴 예정이었다. 음악이 시작되었다. 타닥타닥 튀기는 레코드판에서 오르케스타티피카[*]가 연주하는, 연신 한숨을 내뱉듯 느리고 멜랑콜리한 탱고가 울려퍼졌고, 사람들은 짝을 지어 지난 시간에 배운 기술을 연습하기 시작했다. 아직은 어색함이 묻어났고 자신감이 부족해 머뭇거리는 동작이 많았지만, 다들 다정하고 즐거워했다. 짝을 지은 사람들이 천천히 몸을 풀면 멈칫거리는 춤의 그림자가 하나둘 생겨나는 게 보였다.

---

[*] orquesta típica. 여덟 명에서 열두 명의 연주자가 참여하는 전통 탱고 오케스트라 또는 악단으로, 주로 현악기, 피아노, 반도네온으로 구성된다. ─(원주)

내가 이곳에 온 것은 충동과 우연이 조합된 결과였다. 탱고 음악을 연주하고 싶다는 충동은 이미 사 년 전부터 품어오던 것이다. 고등학교 시절 현악 쿼르텟 단원으로 활동하던 마지막 해, 연주집을 뒤지다가 우연히 카를로스 가르델의 〈포르 우나 카베사〉[1] 편곡 악보를 펼쳤다. 우리는 그걸 연주해보기로 했다. 〈포르 우나 카베사〉는 시대를 초월해 가장 유명하고 인정받는 탱고곡인지라 (나처럼) 문외한이 탱고라는 장르에 입문하게 되는 대표곡이기도 하다. 영화 〈여인의 향기〉에서 알 파치노와 개브리엘 앤워가 이 곡에 맞춰 춤을 춘다. 이 명장면에서 맹인 알 파치노는 앤워를 부드럽게, 동시에 거침없이 리드한다. 나는 탱고 음악에 입문하고 닥치는 대로 탱고 음악을 연주하기 시작했으나 여전히 뭔가가 빠진 느낌이었다. 수년이 흘러서야 진짜 탱고를 배우려면 용기를 내서 탱고를 춰봐야 한다는 것을 깨달았다.

우연히도 나는 이전부터 토머스를 알고 있었다. 이 년 전, 딱 한 번 만난 적이 있는 사이였다. 대학에서 나에게 셰익스피어를 가르친 교수님이 알고 보니 토머스의 논문 지도교수였다. 그 무렵 나는 바이올리니스트가 되기 위해 이십 년 가까이 되는 세월을 쏟아부어놓고도 여전히 진로를 생각하면 침울했고, 진짜 그만둘 준비를 하고 있었다. 나의 고민을 알게 된 교수님이 전문가 수준의 색소폰 연주자이자 문학작품 속 산문율 prose rhythms을 연구하고 있다는 토머스를 소개해주었다. 토머스는 꼭 양자택일을 할 필요는 없다고 나를 안심시켰다. 자기도 예전에 똑같은 고민을 했지만 둘 다 해내는 방법을 찾아냈다고 했다. 이후 보스턴에서 탱고 수업을 찾다가 탱고회 웹페이지에서 그의 사진을 보았다.

  토머스는 따뜻한 눈빛과 장난기 많은 웃음을 지닌 실바나를 소개해주었고, 그렇게 나는 수업을 듣게 되었다. 춤을 춰본 적도 없고 나 혼자 늦게 합류했다는 생각에 식은땀이 날 정도로 긴장되었다. 거기에 파트너를 구해야 한다는 난처함까지 더해졌다. 그러나 이내 토머스가 손짓하자 모두가 댄스 플로어에 반원 대형으로 모였고, 얼떨결에 나도 무리에 섞였다.

  토머스와 실바나가 서로 마주본 채 정중앙에 섰다. "오늘은 탱고에서 가장 중요한 스텝을 배울 겁니다." 토머스가 말했다. 걷는 동작인 라 카미나다, 제자리에서 팔자 모양을 그리는 스텝인 엘 오초까지, 일부 기본 동작까지는 이미 얼추 진도가 나간 터였다. 사람들은 서로를 엘 아브라소로 안는 방법도 이미 알고 있었다. 파트너와의 포옹은 탱고의 핵심이자 그 안에 있는 불씨와 슬픔을 감싸안는 방법이다. 그러나 정확히 말해 그것은 아직 춤이 아니었다. "이 스텝 이름은 엘 히로예요." 토머스가 말을 이었다. "턴입니다. 한 파트너가 상대방 주위를 돌거나 둘이 동시에 도는 거예요. 이걸 배우고 나면 탱고의 모든 것이 열리게 됩니다. 즉흥 춤을 시작할 수도 있어요."

  즉흥이라고? 심장이 내려앉았다. 수업에서는 동작 시퀀스를 가르치는 줄 알았는데. 똑같은 스텝을 반복하기만 해도 춤을 이어 갈 수 있는 폭스트롯이나 왈츠처럼, 탱고도 정해진 패턴을 반복하고 또 반복하면 되는 줄 알았다. 나는 탱고가 즉석에서 만들어지는 춤이라는 사실을 미처 몰랐다. 여태껏 내가 봐온 탱고는 화려한 마지막 동작까지, 굽 있는 구두를 신고 플로어를 가로지르는 발의 마지막 미끄러짐 하나하나까지 전부 계획된 것처럼 보였다. 춤을 추는 한 쌍은 서로 끈끈히 이어져 침묵 속에서도 결점 없이 조화를 이루었다.

실바나와 토머스가 엘 히로를 선보였다. 처음에는 닿지 않은 거리에서 춤을 췄다. 토머스는 제자리에서 뒤꿈치를 축으로 한 바퀴씩 천천히 회전했고, 실바나는 엘 히로 스텝을 밟으면서 토머스의 주위를 돌았다. 마치 기이하고 장엄한 시곗바늘 같았다. 그러다 순식간에 두 사람은 밀착했고, 학생들이 저번에 배운 탱고 걸음과 오초 스텝을 섞어 플로어에서 빙글빙글 돌기 시작했다. "자," 토머스가 말했다. "이제 진짜로 즉흥 춤을 춰볼게요." 토머스가 냅다 실바나를 돌리며 속사포처럼 빠른 속도로 히로와 오초 스텝을 계속 리드했다. 우리는 입을 떡 벌린 채 실바나를 지켜보았다. 춤이 끝난 후, 실바나는 모두가 궁금해하는 게 뭔지 안다는 듯 우리를 향해 짓궂은 미소를 지었다. "내가 어떻게 아냐고요?" 실바나는 토머스의 가슴에 손을 얹었다. "GPS를 따라가면 돼요."

실비아가 GPS라고 가리킨 부분은 파트너의 목 아래 우묵한 부위 바로 밑이었다. 그곳에다 모든 에너지를 집중해야 하고, 거기서부터 파트너의 에너지를 끌어올려야 한다. 마치 그곳에 기운과 빛의 우물이 있는 것처럼. 자기 발이나 파트너의 발을 쳐다보려고 해서는 안 된다. 물론 그런 유혹이 들 것이다. 낯설고, 수줍고, 망칠까 두렵고, 어색해서 자꾸만 파트너와 시선을 못 맞추고 있다면 더더욱. 숨막히게 밀착한 상황에서는 다른 곳에 시선을 두는 게 당연히 훨씬 견딜 만하다. 하지만 그런 순간에도 온 힘을 다해 우묵한 그곳에 집중해야 한다. 몸은 돌더라도 무게중심은 바로 그 정지점에 머물러 있다. "꽉 껴안고 있으면 모든 걸 느낄 수 있어요." 토머스는 말한다. 그러므로 모든 것을 예상할 수도 있다. 파트너가 뭔가를 하려고 할 때 내가 먼저 알 수 있을 정도로. 그렇게 리더와 팔로워*의 구분이 사라진다. 팔로워는 자신의 예상을 통해서만 리더에 반응할 수 있다. 어떻게 말하자면, 팔로워가 전의식적인 preconscious 리드를 한다고도 말할 수 있다.

모르는 사람과 탱고를 춘다는 것은 참을 수 없이 친밀한 행위다. 나는 전기공학 대학원생인 애나와, 다음으로는 매사추세츠 종합병원에서 일하는 알레히와 엘 히로를 연습하게 되었다. 알레히는 플로어에 동전을 놓고서 그걸 일종의 정지점으로, 그러니까

---

* 탱고에서는 동작을 주도하는 사람을 리더, 그에 반응하는 사람을 팔로워라고 부른다.

회전하는 세계의 정지점

회전의 중심축으로 삼고 엘 히로를 연습해보자고 했다. 얼마 후 토머스는 팔로워들에게 손을 뻗어 "리더의 GPS를 만지고 거기서 전해지는 신호를 느껴보라고" 했다. 나는 안면을 튼 지 오 분밖에 되지 않은 알레히의 가슴에 손을 얹어야 했다. 부끄럽게도 내 손바닥이 그의 셔츠에 옅은 땀자국을 남기는 바람에 나는 경악하고야 말았다. 그러나 동시에 아브라소가 얼마나 친밀한 행위인지가 느껴졌고, 밀착한 상대의 두려움과 떨림 역시 나에게 전해졌다. 처음의 부끄러움만 극복하고 나면 타인과 가까이 있을 때 마음과 몸이 얼마나 호응을 이룰 수 있는지도 알게 되었다. 파트너가 무엇을 할지 내가 먼저 알게 될 뿐 아니라 상대 역시 내가 무엇을 할지 알고 박자에 따라 호흡을 맞추게 된다는 것과 그게 얼마나 본능처럼 수월해질 수 있는지 또한 깨달았다. 동전 주위를 돌고 또 돌면서, 스텝을 맞추고 언제 스텝을 움직일지 서로의 감각을 맞추면서, 알레히와 나는 서서히 이해하기 시작했다. 조금 어지러운, 그러나 엄연한 동조를.

물론 우리의 동조는 토머스가 히로에다 다른 동작을 합해보라고 지시하는 순간 곧바로 깨어졌다. 다들 파트너의 GPS를 따라가며, 동시에 자신의 GPS에서부터 강력한 신호를 내보내며 노력과 실패를 거듭하는 중이었다. 정신없이 돌다가 서로 몸이 걸려 넘어지는 사람들도 있었다. 토머스는 딱하게 엉킨 그들을 보며 다 이해한다는 듯 미소를 지었다. "춤을 출수록 이 연결이 자연스럽게 움직임을 만들 거예요. 스텝을 만들 거고요. 그게 바로 즉흥 춤입니다. 재즈 연주를 배우는 것과 같아요."

　이로부터 사십육 년 전, 사천팔백 킬로미터 떨어진 곳에서는 두 광자가 즉흥의 시간 속에서 춤을 추고 있었다. 1972년, 캘리포니아 버클리의 로런스 버클리 국립연구소에서 존 클라우저와 스튜어트 프리드먼이 실험을 통해 최초로 양자 얽힘을 증명했다. 1964년 아일랜드 물리학자 존 스튜어트 벨이 이론화한 얽힘은, 양자 입자(원자보다 작은 입자)가 직접적으로 작용하지 않으면서 다른 입자의 행위에 영향을 미칠 수 있다고 보는 이론이다. 이전까지 주류 물리학자들은 입자의 행위가 고전적인 국소성locality의 원리를 따른다는 주장을 견지했다. 즉, 물체는 바로 옆에 인접한 환경에서 벌어지는 사건들의 영향만 받을 수 있다. 아인슈타인의 개념을 따르자면, 빛의 속도보다 빠르게 물체 사이를 이동할 수 있는 정보는 없기 때문이다. 달리 말해 입자들은 힘을 가하거나 다른 입자의 자기장에 들어서는 것과 같이 직접적으로 작용해야만 다른 입자의 성질에 영향을 미칠 수 있다. 그런데 클라우저와 프리드먼은 그게 아님을 증명했다. 실험해보니, 이유를 설명할 수는 없으나 일부 광자들이 기존 이론으로는 알 수 없는 방

식으로 서로 교류하지 않고도 전기장의 진동 방향, 즉 편광(偏光)의 상태를 즉각적으로 동기화할 수 있었다.

이후 물리학자들이 클라우저와 프리드먼의 실험 결과를 거듭 반복해본 결과, 양자 입자들이 비국소적nonlocal으로 연결되어 있다는 사실은 점점 더 자명해졌다. 오늘날 일부 물리학자들은 어느 입자든 "우리의 한계를 훌쩍 넘어 존재하는 여러 입자와 얽혀 있다"[2]라고 주장하기도 한다. 양자물리학적 작용의 대부분을 우리가 관측할 수도, 알 수도 없는 것은 그래서라는 것이다. 하지만 실험을 통해 보면 "직접적으로 얽혀 있는" 두 입자가 분리되었을 때 마법 같고 기적 같은, 실로 으스스한 현상이 발생한다. 얽힌 광자 하나를 수평 또는 수직 방향의 편광을 생성하는 편광판에 통과시켜보면 다른 광자 또한 즉시 같은 방향으로 편광되는데, 이 두번째 입자는 편광판과도, 첫번째 입자와도 인접해 있지 않다. 최근 MIT 연구진은 얽힘이 광활한 시공간을 가로질러서도 작용할 수 있음을 증명했다.[3] 원자들은 수십억 광년 거리만큼 떨어져 있어도 얽힐 수 있다. 이론적으로 이 연결은 무한하고 즉각적이다. 입자들이 시간 또는 공간상으로 얼마나 멀리 떨어져 있든 상관없이, 그 거리는 두 입자가 마치 하나인 것처럼 행동할 수 있게 하나의 시공간으로 포개어질 수 있다. 얽힌 입자들은 자연 과정을 통해 끊임없이 만들어지기도 하고 실험실 물리학자들에 의해 맞춤형으로 가공되기도 하지만, 그 연결의 진정한 성질은 아무도 알지 못한다.* 이를 규명하기 위해 지금껏 물리학자들은 무수히 많은 영상과 논문을 내놨고, 온라인 물리학 포럼에서 격한 논쟁을 벌였다. 그 과정에서 등장한 최고의 설명은 입자들이 어째서인지 "그냥 알고 있더라"는 것이다.

시간 속 두 존재의 예측 불가능한 동기화. 이것이 양자물리학에서 말하는 우연의 개념이다. 내가 생각하기에는 탱고에도, 그리고 어쩌면 모든 동시적인 즉흥 창작의 사례에도 이와 유사한 우연이 작용하지 않나 싶다. 물론 무용수들은 거리를 유지한 채 춤추지 않으며, 과연 얽힘을 양자물리학의 영역 너머 인간과 생물에도 적용할 수 있는가는 아직 장담할 수 없지만,⁴ 즉흥 춤을

---

* 현재 유력한 가설은 얽힌 입자들이 시공간을 관통해 두 지점 사이를 바로 잇는 지름길로 상정된 웜홀을 통해 연결되어 있다는 것으로, 2013년 후안 말다세나와 레너드 서스킨드가 주장했다. 일반상대성이론에 따르면, 다른 시공간에 있는 두 블랙홀이 웜홀, 즉 두 블랙홀의 내부를 연결하는 터널을 통해 바로 이어지는 것은 가능하다. 말다세나와 서스킨드는 이 웜홀 자체가 두 블랙홀의 얽힘과 같다고 주장한다. 이들의 추측에 붙은 'ER=EPR'이라는 이름은 1935년 아인슈타인이 공저한 두 편의 논문에서 따온 것이다. 아인슈타인은 첫번째 논문에서 블랙홀 사이의 웜홀들, 즉 아인슈타인-로젠(ER) 다리들을 규명했으며, 두번째 논문에서는 아인슈타인-포돌스키-로젠(EPR) 쌍이라고 명명된 얽힌 입자들 사이의 "으스스한 원격 작용"을 살폈다. 말다세나와 서스킨드는 "그와 유사한 다리들이 좀더 일반적인 얽힘 상태에도 존재할 수 있다"라고, 다시 말해 블랙홀의 차원은 물론 시공간 어디에나 존재하는 얽힌 입자들 사이에도 존재할 수 있다고 주장한다. 입자들이 얽히는 힘이 약할수록 그것들을 연결하는 웜홀은 더욱 양자적이다. 「얽힌 블랙홀들을 위한 멋진 지평선(Cool horizons for entangled black holes)」, arxiv.org/abs/1306.0533 참고. —(원주)

추는 두 파트너 사이에 순간적이고 무의식적인 연결이 존재한다는 느낌을 지우기는 힘들다. 얽힘 이론에 따르면, 입자들이 편광되기 전까지 수직 또는 수평 방향으로 편광될 확률은 동등하게 반반이다. 즉, 두 입자 중 하나가 편광판을 통과하기 직전까지 나머지 입자의 편광은 수직일 수도 수평일 수도 있다. 슈뢰딩거의 고양이가 상자를 열기 전까지는 죽어 있는 동시에 살아 있는 것과 같은 이치다. 그러다 둘 중 하나가 편광판을 통과하는 순간 편광이 변화하고, 그에 맞춰 나머지 입자의 편광도 달라진다. 마치 파트너가 어느 방향으로 진동할지 언제나 알고 있었다는 듯이. 마찬가지로 탱고를 출 때는 매 순간 머릿속으로 다음 동작의 모든 가능성을 생각해야 하지만, 동시에 매 순간 어느 스텝을 밟아야 할지 정확히 알고 있다. 그렇다면 탱고 역시 쌍둥이가 공유하는 직감, 창세기의 횃불 언약[*5], 탯줄, 독심술, 즉각적인 GPS와 같이 현재로서는 비유적인 표현으로만 설명할 수 있으며, 그 수가 많은 만큼 다양하기도 한 양자 연결의 메타포 신전에 이름을 올려도 이상하지 않을 것이다.

하루는 토머스와 실바나가 파트너와 접촉하지 않고 스텝만 반복하며 엘 히로를 연습해보라고 했다. 몇몇은 본능적으로 파트너의 팔을 잡으려 했다. 토머스가 연습을 중단시켰다. "잠깐, 다들

---

* 아브라함과 신이 맺은 구원의 약속.

멈추세요. 수업 방식을 좀 바꾸겠습니다!" 토머스는 모두 간격을 벌려 서게 한 뒤 개별 연습을 시켰다. 짝을 지어서는 이 연습이 제대로 되지 않을 것이기 때문이었다. "손이 닿으면 안 돼요! 절대로요! 이건 훈련이에요. 실바나는 내가 자기를 언제까지 돌리려 하는지 그 순간이 오기 전까지는 절대 알지 못합니다. 몸이 닿아 있는지는 상관이 없어요. 손은 도움이 되지만, 느낌이 먼저입니다. 그래서 연습해야 하는 거예요." 이 연습은 본질적으로 비국소성의 원리를 탱고에 적용한 것이라 할 수 있다. 함께 춤을 추는 파트너에게 힘을 가하거나 물리적 접촉을 하지 않고도 본능 혹은 직감으로 상대방의 움직임과 호흡을 맞추는 것이기 때문이다. 이때는 리더가 준 신호를 팔로워가 받아들여 반응하고 리더와 동시에 동작을 수행할 시간이 없다. 박자에 맞춰 계속 춤을 추는 유일한 방법은 상대방의 움직임을 직감으로 아는 것뿐이다. 무엇을 직감하는지는 자신도 정확히 모를 수 있다. 그건 직접적인 교류를 생략한 교감, 앎을 건너뛴 친밀함, 얽힌 마음들의 동시적인 도약이다.

탱고의 동시성은 춤을 시작하기 전, 춤추는 사람이 상대방에게 춤을 청하는 행위에서부터 시작된다. 비가 내리는 2018년 12월의 어느 오후, 나의 인터뷰 제안에 응한 토머스는 그런 요청 자체가 밀롱가에서 파트너를 바꾸기 전까지 두 사람이 함께 추는 일련의 탱고, 즉 탄다의 전체 톤을 잡는다고 했다. 꾸벅 몸을 숙이고 한껏 멋을 내어 "함께 추실래요?"라고 묻는 전통적인 무도회장의 요청 방식과 다르게, 탱고에서의 요청은 서로가 이미 예감하고 있어 아무런 대화 없이 동시에 일어날 때도 많다. 둘 다 춤추기를 기다리고 있는 상황에서 (남녀 커플일 경우) 주로 남자 쪽이 시선으로 상대방을 지목해 쳐다본다. 여자가 눈을 맞추면 남자가 고개를 끄덕인다. 여자도 요청에 응하고 싶으면 고개를 끄덕인다. 이렇게 짝이 되면, 두 사람은 플로어로 나간다. 이 요청, 시선과 끄덕임la mirada y cabeceo이 두 파트너를 연결하고 둘의 탄다에 불을 붙여, 주어진 시간 동안 춤을 둘만의 것으로 만드는 화학작용을 일으킨다. 토머스는 적어도 사람들이 다 보는 앞에서 "거절당하는 모습을 들키지 않게 하기" 위해 이러한 시스템이 만들어졌다고 생각한다. 덕분에 죄책감이나 동정심, 혹은 어색함에 덜컥 요청에 응하는 불상사는 일어나지 않는다. 시선과 끄덕임은 모종의 끌림이 이미 서로를 끌어당기고 있을 때만 성사된다. 그러므로 탱고는 끌림과 같이 순간적이고 운명적인 것, 화학작용처럼 우연적이지만 확실한 것[6]으로부터 시작된다. 춤은 연결을 낳고 그 자체로 연결의 산물이기도 하다.

    토머스는 "라틴 댄스 중 드물게도 행복과 거리가 먼" 탱고의 중심에는 근원적인 슬픔이 깔려 있으며, 그 원인이 친밀함에 있다고 본다. 탱고는 자꾸만 현재에 출몰하는 과거에 대한 "노스탤지어이자 상실감을 지배적인 감정"으로 삼는다. 탱고는 대개

A-B-A 구간의 구조로 짜이는데, 장조-단조-단조 아니면 단조-장조-단조의 조표로 나뉜다. 행복한 기억이 슬픈 현재를 감싸거나, 반대로 슬픈 현재에 감싸이는 식이다. 토머스가 생각하기에 이 슬픔의 요소는 공연자들을 더욱 친밀하게 만들고, 공연자들이 내뿜는 기운으로 관객을 끌어당긴다. "슬픔에는 굉장한 힘이 있습니다. 이 감정을 춤 파트너와 나누는 것도 그렇고요." 토머스가 내게 말했다. "탱고의 깊은 감정적 유대감은 바로 여기서 비롯되는 것 같아요." 토머스는 이 대목에서 조금 격앙되었다. "다들 탱고가 섹시하다고, 관능적이라고 하죠. 제목은 기억나지 않는데 제니퍼 로페즈가 나온 영화에서부터 시작된 그 클리셰가 나는 너무 싫습니다." 토머스가 하는 말은 반은 농담조였지만 반은 진심이었다. "탱고의 세계는 그것보다 훨씬 깊거든요. 감정적 유대감과 친밀감의 춤이에요. 처음 만나 말을 섞어본 적 없는 사람과도 그런 친밀감을 느끼게 되고, 최대한 밀착해 서로를 껴안은 채로 가슴과 볼, 가끔은 이마를 맞대고서 자신을 파트너와, 또 음악과 당신을 이어주는 아주 내밀한 감정들을 나눌 수 있다는 건 탱고가 왜 이렇게나 깊은 감정적 경험을 하게 해주는지 설명해줍니다. '탱고는 춤으로 표현된 슬픈 생각이다 Tango es un pensamiento triste que se baila*라는 유명한 말이 있어요." 토머스는 잠

---

* 탱고 작곡가 엔리케 산토스 디세폴로(1901~1951)가 한 말이다. ─(원주)

시 멈춰 고민하더니 표현을 다듬는다. "탱고는 우리가 춤으로 표현하는 슬픈 생각이에요."

클래식 색소폰을 전공한 토머스가 탱고에 입문한 계기는 기본적으로 탱고도 실내악, 말하자면 '무용을 위한 실내악'이기 때문이었다. 토머스와 대화하다보니, 라이브 공연을 할 때 작곡한 곡과 즉흥으로 지은 곡의 구분이 어쩌면 생각만큼 엄격하지 않을 것 같다는 확신이 생겼다. 탱고를 출 때 스텝은 물론 그 스텝의 방식, 감정, 기교, 슬픔까지 모든 것이 즉흥적으로 정해진다면, 작곡된 곡을 연주하는 공연에서는 음이 아닌 소리의 차원에 즉흥적인 요소가 담긴다. 앙상블 공연은 더 말할 것도 없다. 주어진 시간 동안 모든 연주자가 말없이 손가락과 활의 움직임을 즉흥적으로 화합해 악구, 심지어 음 하나하나를 두고 공통의 해석을 창조해야 한다. 나는 고등학교 리사이틀 공연에서 콰르텟 친구들과 〈포르 우나 카베사〉를 공연하면서 그 느낌을 처음 경험했다. 가장 유명하고 귀에 익은 탱고 리듬인 하바네라가 바-둠 둠 둠 하며 처음 아티큘레이션되어 코러스에 섞인 순간, 갑자기 우리가 만드는 모든 소리와 아티큘레이션이 일종의 자기공명 상태에서 서로 이끌리듯 저절로 합쳐지는 것 같았다. 나는 끌어당겨지는 느낌, 우리의 거리가 좁혀지고 깊어지는 느낌을 받았다. 우리의 소리가 맞닿아 그 사이에서 불꽃이 피어나는 것만 같았다. 그 음들은 즉흥적으로 만들어진 것이 아니었으나, 악구의 억양과 아티큘레이션으로 표현되는 음악성이, 선율과 대위선율, 텍스처와 리듬의 디테일이 분명 리허설 때와 달랐고, 그 순간에 만들어졌음에도 서로 완벽하게 조화를 이루었다.

나는 인터뷰중 토머스에게 모르는 사람과도 그런 연결을 경험한 적이 있느냐고 물었다. 토머스는 프로 수준의 탱고 파트너들은 웬만해선 새로운 사람과 공연하는 일이 드물다고 했다. "그런 공감력, 친밀함, 서로를 연결하고, 동기화되어 움직이고, 비슷한 방식으로 음악을 듣고, 서로의 몸에 반응하는 능력을" 쌓기까지는 "수년 동안 함께하는 경험"이 필요하기 때문이다. 그래야 탱고 살롱의 즉흥 세션에서 상대방의 몸에 대한 이해와 오랜 세월 갈고닦은 직감에 기대어 자신감 넘치게 춤을 출 수 있다고 했다. 나는 그런 걸 한순간에도 느낄 수 있는지, 처음 만난 두 사람의 몸과 마음이 즉각적으로 서로를 알아볼 수 있는지 궁금했다.

토머스가 고개를 끄덕였다. "가능해요. 드물지만요. 그런 걸 경험해본 적은 있어요." 토머스는 몸을 뒤로 기대더니 마치 한 편의 헤밍웨이 단편소설처럼 간결하고 직설적인 경험담을 들려주기 시작했다.

"삼사 년쯤 전, 부에노스아이레스 산텔모에서 열린 밀롱가에 갔어요. 새벽 세시쯤이던가, 친구 하비에르와 함께요. 나는 아는 사람이 없었지만, 하비에르의 친구가 몇 있어서 동석해 술을 마셨죠. 플로어에 사람은 얼마 없었어요. 야심한 시간이었으니까요. 거기 한 여자가 있었습니다. 낯이 익었어요. 팔레르모의 카페 비닐로에서 열린 밀롱가에서 디제이로 일하는 것을 보았거든요. 함께 춤춘 적은 없었지만요. 나는 그 여자가 하비에르와 춤추는 것을 보았고, 하비에르가 테이블로 돌아왔을 때는 술을 마시고 있었는데, 마침 그 여자와 눈이 마주쳤어요. 내가 시선cabeceo을 보내자 여자도 끄덕였죠. 그렇게 우리는 플로어에서 만나 춤을 췄어요. 우리의 첫번째 탄다였습니다. 다리엔소*의 곡이었어요. 다리엔소 음악은 아주 리드미컬하고, 속도감이 있고, 당김음이 많아요. 그래서 리듬에 맞춰 정확하게 춤출 수 있으려면 음악을 잘 알고 있어야 해요.

그 여자와 나는 곧장 서로 이어졌습니다. 음악과 연결 면에서 뭐랄까, 완벽하게 탄다를 췄어요. 함께 춤춘 건 그때가 처음이었는데도요. 우리의 탄다는 놀라웠고, 둘 다 흡족했습니다. 그리고 일 년이 지났어요. 이번에도 친구 하비에르와 밀롱가에 갔다가 그 여자를 봤습니다. 나는 그때까지도 부에노스아이레스에서 그 여자와 탄다를 춘 밤을 기억하고 있었죠. 그런데 그 여자는 나를 기억 못하더군요! 깜짝 놀랐어요. 같이 그런 탄다를 췄는데 어떻게 잊을 수 있나 의아했죠. 그러자 하비에르가 스페인어로 이렇게 말하더군요. '뭐 이런 걸로 그래? 우리 아르헨티나 사람들은

---

* 이탈리아 이민자 혈통의 아르헨티나 탱고 음악가 후안 다리엔소(1900~1976)를 말한다.

매일 밤 춤을 추니까 그런 건 딱히 특별한 기억도 아냐!' 하지만 이 이야기의 결말은 해피엔딩이에요. 결국 우리는 다시 춤췄고, 역시나 흡족했어요. 이후 유럽에서, 다시 아르헨티나에서 만나기도 했죠. 이제는 친구가 되어 함께 춤을 춰요. 조만간 아르헨티나에서 또 만날 거예요. 이게 다 그때의 놀라운 탄다 덕분이에요. 예전에 춤춰본 적 없는 사람과도 이런 일은 일어날 수 있어요."

───

지금은 세상을 떠난 학자 겸 비평가이자 블루스 색소폰 연주자인 데이비드 렌슨은 즉흥연주, 마약, 로큰롤을 주제로 한 1999년의 강연 '고차원의 상상력 The High Imagination'에서 다음과 같이 말했다.

음악가들은 형언할 수 없는 의식 상태를 가리켜 'ESP'*라고 부른다. 찰나의 순간에 밴드의 다른 연주자들이 무엇을 할지 미리 아는 능력을 말한다. ESP를 체득하고 나면, 멈칫하거나 흐름을 끊어버리는 것과 같은 대형 실수는 사실상 일어날 수 없다. 리듬이 즉흥적으로 끝나더라도 그 지점을 최소 한두

───
* 초감각적 지각을 일컫는 'extrasensory perception'의 줄임말.

박 미리 들을 수 있다. ESP는 밴드의 음량이 극적인 효과를 위해 커졌다 작아지는 것과 같은 강약법도 감지하게 해준다.

머디 워터스, 버디 가이, ("팔천 명이 모인 무대에 오르기 직전 리무진 뒷좌석"에서 처음 보았다는) 존 리 후커와 공연해본 경험이 있는 렌슨은 집단 ESP를 "보이지 않을 만큼 형식이 철저히 내면화된 상태"라고 규정한다. 즉흥연주를 하는 집단의 구성원들은 시간 속에서 음악에 형식과 방향을 부여하는 틀, 한마디로 형식에 대한 앎을 구성하는 음악적 의식의 기준선에 함께 머물러야 한다. 거기서부터 각 음악가는 장엄한 침묵 속에서 악구를 펼쳐내는 것, 즉 시간 속에서 음악을 창조하는 행위를 책임진다. 렌슨은 영국 시인 콜리지를 인용해 즉흥연주를 "무한한 나의 존재 속에서 영원히 수행하는 창조의 행위"라고 표현했다.

이는 즉흥 음악의 시간이 이미 작곡되어 미리 연습된 곡, 따라서 연주자가 늘 뒷부분을 생각하고 미리 기억해야 하는 곡을 구성하는 시간과 다르게 흐르기 때문이다. 즉흥연주는 반복해서 폭포로 떨어지는 경험에 가깝다. 매 순간 눈앞에 공허가 펼쳐지고, 벼랑 끝에서 몸을 던지지만 어쩐 일인지 절대 추락하지도, 건너편에 도달하지도 않는다. 계속 몸을 던져보아도 달라지는 건 없다. 그러다 뒤돌아보면 어느새 내가 강을 창조해놓았고 그 물길을 헤쳐나아가고 있다. 즉각적으로 편광을 동기화하는 입자들처럼,

타인과 함께 즉흥연주를 한다는 것은 시간 속 과거와 미래, 나와 당신이 교차하는 순간을 정확히 짚어내고, 삶을 붙들어 고정하는 행위와 같다. 매 순간이 하나의 눈송이처럼 녹아내리지만 그와 동시에 새로운, 그러나 똑같이 아름다운 눈송이가 그 자리를 대신한다. 그렇게 우리는 연속적인, 그러나 동시에 추락하고 또 아찔하게 추락하는 개별적 순간들로 이뤄진, 떠내려가다 쌓인 과거의 축적물인 현재를 살아가게 된다.* 즉흥연주는 순간을 거듭 반복하는 것인 동시에 그 순간이 연속적인 시간과 완전한 세상의 한 부분임을 긍정하는 경험이다.

나에게 '영원히 수행하는 행위'란, T. S. 엘리엇이 회전하는 세계의 '정지점'이라 말한 것을 창조하는 행위와 다르지 않다. 그것은 과거도 아니고 미래도 아니며, "상승도 하강도 아니며" "무언가로부터도, 무언가를 향해서도 아니다."[7] 즉흥연주를 위해 연주자는 온 마음을 다해, 마치 황홀경에 빠진 듯 현재에 몰입하여 매 순간의 현존성을 긍정해야만 한다. 타인과 함께 즉흥연주를 한다는 것은 결국 그 황홀감을 나누는 행위다. 렌슨이 말한 'ESP'로 실현되는 일체감은 시간에 대한 공통의 감각에서부터 비롯되는데, 이는 전혀 기계적이지 않다. 오히려 완벽하게 비기계적이지

---

* 물리학자 카를로 로벨리는 『시간은 흐르지 않는다』(3쪽)에서 이렇게 말한다. "[시간은] 손에 눈송이를 쥐는 것과 같아서 찬찬히 살피다보면 서서히 손가락 사이로 녹아내려 소멸한다." —(원주)

만 계속 한몸처럼 움직일 만큼 깊이 동기화되어 있는 상태다. 개개인이 어떻게 음악을 듣는지, 또 어떻게 듣고 싶어하는지를 결정하면 집단이 그 모든 해석을 흡수한다. 토머스의 말을 빌리자면, 탱고에서 즉흥 춤의 진정한 자유는 "다음에 올 것을 예측하는 능력보다 음악을 뼛속 깊이 이해하는 데서 비롯된다. 음악을 이해하고 있다면 춤의 어느 순간에서든, 멈춰 있든 돌고 있든 스텝을 밟고 있든, 선율과 대위선율, 리듬, 바이올린과 피아노와 반도네온의 디테일을 섬세히 표현해내고 음악의 텍스처를 드러낼 수 있다. 파트너가 나와 똑같은 걸 듣고도 더 많은 걸 표현해내는 걸 보고 놀라게 될지도 모른다. 나는 바로 그런 파트너를 두고 싶다. 아주 심오한 음악성을 지니고 있어서 내가 음악을 듣는 방식, 나아가 체험하는 방식까지 바꿔놓는 파트너 말이다". 그러므로 타인과 함께 즉흥연주를 한다는 것은, 시간의 무한한 주관성 그 이상을 체험하는 행위, 그 개별적인 주관성이 하나로 합쳐질 수도 있음을 깨닫는 행위다. 시간 속에서 파트너와 함께 완벽하게 춤출 수 있으려면, 두 사람이 시간을 똑같이 느끼고 있음을 알아야 한다. 한마디로 그것은 얽힘, 동시성에 대한 확신, 무한한 우리의 존재 속에서 영원히 수행하는 창조의 행위다.

이후 네 번의 월요일 동안, 나는 빠지지 않고 쿼드로 가서 탱고를 연습했다. 수업 때 우리는 "탱고의 모든 스텝은 가속과 멈춤의 관점에서 표현할 수 있다는 것"을 배웠고, 눈을 감고서 리드하고 반응하는 법을 연습했다. 또 라 엔트라다를 배웠다. 남자가 여자 쪽으로 다리를 뻗어 짧게, 아주 살짝, 자기 발로 여자의 발목 안쪽을 스쳐야 한다. ("자신감 있게 들어갔다가 자신감 있게 빠져요." 토머스가 말했다. "불을 만지는 것처럼요.") 몇 주가 흐르니 다들 자신감이 붙었고, 스텝이 자연스러워졌으며, 나름의 스타일을 보이기 시작했다. 이따금 나는 춤추는 대신 뒤에 앉아 사람들의 움직임을 관찰했다. 클라리넷을 연주하는 바버라는 편안하고 얌전하게 춤을 췄다. 시한은 수업 때 신는 황금빛 하이힐 샌들만큼이나 섬세하게 움직였다. 앤턴은 언제나 녹색 리넨 바지에 검은 터틀넥 차림이었는데, 실력이 참 좋았다. 힘을 줬다가 풀고, 속도를 냈다가 멈추는 걸 특히 잘했다. 몇 주가 지나도록 이름을 익히지 못한 푸른 블라우스 차림의 여자는 눈을 감고 춤을 췄다.

나는 끝내 수줍음을 극복하지 못했지만, 그래도 월요일마다 탱고 수업에 가는 게 좋았다. 토머스와 실바나가 춤을 설명하면서 드는 비유들이 좋았고, 물리적인 것도 은유의 대상이 될 수 있다는(어쩌면 그럴 수밖에 없다는) 게 마음에 들었다. 대학 신입생 때 나에게 바이올린을 가르친 잉 선생님과 함께한 레슨이 떠올랐다. 그분에게 올바른 소리를 발견한다는 것은 단순히 활을 현의 어느 지점에 놓고 왼손가락을 얼마나 빠르게 떠는지의 문제가 아니라, "내 중심 안에 있는 에너지의 공"과 "척추를 따라 팽팽히 당겨진 진주알들"을 느끼는 문제와 관련이 있었다. 무엇보다 나는 매주 다양한 사람들이 이렇게나 평범한 공간에 모여 저마다의 땀과 열기를, 페로몬과 숨소리의 기운을, 인간의 에너지가 지닌 빛을 고유하게 발산하는 모습을 보는 게, 그리고 그들과 함께하는 게 좋았다. 어쩌면 이것 역시 탱고의 슬픔인지도 모르겠다. 가까이 붙어 뛰고 있는 심장들도 알고 보면 저마다 사적인 시간을 보내고 있다. 어린 시절 아빠와 영화를 볼 때 아빠 가슴팍에 머리를 기댔다가 부드럽게 쿵쿵 울리는 심장소리에 겁을 먹었던 기억이 떠올랐다. 그 진동의 연속성이 나에게는 유한하고 불가피한 무언가를 향한 초읽기 같았다.

밀롱가를 앞둔 마지막 수업, 토머스와 실바나가 우리에게 〈라 쿰파르시타〉('카니발'을 뜻하는 **콤파르사**comparsa에서 따온 표현이다)를 가르쳤다. 1920년대에 밀롱가가 파할 때마다 연주되던 활기찬 스타일의 탱고다. 〈라 쿰파르시타〉는 급박한 템포와 앞으로 나아가려는 당김음이 특징이지만, 강렬하고 격한 멈춤 동작들이 만들어내는 화려함도 빼놓을 수 없다. 그런 순간에는 캐스터네츠와 피아노가 연주하던 리듬이 뚝 끊기고 바이올린 홀로 위태로이

비약한다. 그러다 피아노가 목을 긁듯 거칠게 박자를 되찾고, 캐스터네츠도 다시 박에 맞춰 연주된다. 토머스는 춤추다 리듬이 멎었을 때 어떻게 멈춰야 하는지, 그러한 정적의 순간에 몸을 어떻게 가누는지, 언제 멈출지를 직감하는 법과 그 찰나가 얼마나 지속되는지 느끼는 법, 한마디로 시간의 밀고 당김을 느끼는 법을 가르쳐주었다.

나는 고맙게도 또다시 나의 파트너가 되어준 애나와 춤을 추고 있었다. (애나는 연구실에 있다가 수업에 오느라 자주 지각했다. 애나가 빠지면 학생 수가 홀수이기도 했고, 나는 엄밀히 말해 수업에 정식 등록한 것이 아니었기 때문에 뒤에 남아 애나를 기다리곤 했다. 그렇게 애나는 나라는 짐덩어리를 자주 떠맡았다.) 이제야 하는 말이지만, 토머스와 실바나가 최선을 다해 가르쳐주었음에도 나의 탱고 실력은 처참했다. 어느 쪽으로 돌아야 하는지 감을 잡지 못했고, 불운하게도 그게 큰 문제였다. 탱고에서 회전은 춤의 약 오십 퍼센트를 차지할 만큼 중요하기 때문이다. 이날 저녁, 나는 자꾸만 반대쪽으로 돌거나 멈춰야 하는 순간에 돌았고, 그때마다 애나의 발목에 엉뚱한 다리를 어색하게 뻗치고 말았다. 애나는 그런 나를 훌륭하게 참아주었다.

"자, 와요. 내가 보여줄게요." 갑자기 실바나가 나를 구원하기 위해 등장했다(더 정확히는 나에게서 애나를 구원하기 위해서였을 것이다). "이렇게요." 실바나가 내 손을 붙잡고 허리를 감싸안더니 나를 데리고 댄스 플로어를 돌기 시작했다. 실바나의 움직임은 다급한 동시에 우아했다. 그 민첩함에 이끌려 나도 저절로 몸이 움직였다. "생각하지 말고, 그냥 추세요." 실바나가 말했다. "아." 나는 말끝을 흐렸다. 실바나의 다급한 에너지는 내 몸이 박자에 맞춰 그의 몸과 함께 움직이도록 요청하고, 동시에 명령하고 있었다. 내 발은 저절로 올바른 스텝을 밟았고, 몸은 올바른 방향으로 돌았다. 나는 실바나가 어디로 향할지를 미리 알 수 있었다. 한순간에 즉흥적으로 일어나는 멈춤조차 처음부터 정해진 동작 같았다. 어떻게 그럴 수 있었는지 설명할 수는 없지만, 나는 실바나를 통해 박이 언제 잠시 멈추고 다시 시작할지를 알았다. 이 모든 게 십 초쯤 지속되었고, 그러다 내가 다시 생각하기 시작하자마자 실바나의 발을 밟고 말았다.

    나는 놀라움에 잠겨 한동안 우두커니 서 있었다. 태어나 처음으로, 내가 춤을 춘 것이다. 대학 기숙사 파티에서 술에 취해 인사불성 상태로 다 함께 엉켜 뛰는 몸짓과도, 친척 결혼식에서 느린 음악이 흐를 때 짝없는 싱글들 사이에 퍼지는 어색한 흔들거림과도 달랐다. 내가 드디어 누군가와, 나를 움직이게 하고 나와 함께 움직이는 파트너와 진짜 춤을 춘 것이다. 나는 내가 뭘 하고 있는지 몰랐지만 동시에 알고 있기도 했다. 그때 나는 실바나의 상체에서 나오는 에너지를, 팔의 가벼움을, 순간의 감으로 움직이는 발의 자신감을, 타인과 즉흥적으로 연결되는 순간 생기가 돌며 몸이 마음을 장악할 때 일어나는, 확신과 망각을 동시에 요하는 기적 같은 시너지를 분명 느꼈다.

―

　최종 밀롱가를 이 주 앞두고, 토머스가 나에게 행사 날 탄다 막간에 탱고 바이올린 연주를 해줄 수 있겠느냐고 부탁했다. 마침 자신이 아주 솜씨 좋은 피아니스트를 안다며, 그와 함께 연주해도 좋다고 했다. 비교문학과에서 그의 지도를 받는 학생 중 하나였다. 내가 마테오 링컨을 어디선가 만났던가?
　우연히도 나는 그를 알았다. 잘 안다고 할 수는 없었다. 그의 육촌이 덴버에서 나와 조금 알던 사이여서 신입생 때 그를 만난 적이 있었다. 제대로 대화해본 적이 없었으니 협주 경험은 당연히 없었다. 다시 만났을 때 나는 그와 친구가 되리란 걸 알았다. 마테오에게는 특별한 능력이 있었는데, 상대방이 스스로 미처 깨닫지 못한 감정이나 욕망을 신기하게 헤아리는 것이었다. 한번은 리허설 일정을 잡느라 메시지를 주고받는 중에 그가 대뜸 요즘 메시지에 느낌표를 쓰지 않는 점을 사과했다. 어째서인지 언제부턴가 자기 컴퓨터의 느낌표 키가 눌러지지 않는다는 거였다. 평소에 그는 "습관적인 느낌표 사용자"였으므로 느낌표가 없다고 자기가 화가 났거나 귀찮아한다고 생각하지 말아달라고 당부했다. 작곡가이자 피아니스트인 마테오는 시간을 쪼개어 무언가를 돕느라 늘 분주했다. 자진해서 친구의 단편영화에 들어갈 음악을 작곡했고, 예배 준비 막판에 오르간 연주와 음악 감독을 맡곤 했다. 공연을 앞둔 주에는 며칠간 나에게 시간을 내주었다.

우리는 아스토르 피아졸라의 〈부에노스아이레스의 사계〉 중 '인비에르노 포르테뇨(항구의 겨울)' 또는 '겨울'로 불리는 마지막 악장을 연주하기로 했다. (비발디의 유명한 〈사계〉를 암시하는 제목이다. 탱고를 클래식 정전에 편입시키는 데 일조한 피아졸라는 비발디의 사계 주제를 가져다가 순서를 바꾸고, 조를 옮기고, 대대적으로 손봤다. 남반구의 계절은 거꾸로 흐르기도 하고.) 나는 마테오와 연주하는 게 좋았다. 우리는 스타일이 잘 맞았고, '항구의 겨울' 연주도 순조로웠다. 그런데 공연을 며칠 앞둔 날, 토머스가 자기가 좋아하는 탱고 곡을 하나 더 공연하자고 했다. '카페 1930'은 피아졸라의 〈탱고의 역사〉 2악장이었다(부에노스아이레스의 사창가에서 출발해 아방가르드한 오늘의 콘서트concert d'aujourd'hui 악장으로 끝나는 이 곡은 20세기 탱고의 진화사를 조망한다)[8]. "아, 이 밀롱가가 너무 얌전할 것 같아서 그래." 연습할 시간이 빠듯하니 아무래도 그 곡은 호흡을 맞추기 힘들 것 같다는 나의 말에 마테오가 대답했다. "너는 그냥 활 가는 대로 하면 돼. 자, 좋은 곡이니 걱정하지 말고, 이건 꼭 연주해야겠어!"

공연 날, 마테오와 나는 연습실에 내리 다섯 시간 가까이 틀어박혀 '카페 1930'을 익히는 데 열중했다. 이 곡은 어렵지 않다가 어려워진다. 느리게 시작되는 도입부 선율이 노스탤지어가 서린 보랏빛 연무로 잠잠해지다가 갑자기 빠른 십육분음표로 폭발하는데, 이때 감정이 절정에 치달으며 장단을 맞추기가 매우, 매우 어려워진다. 무대에 오르기 전에 멈추지 않고 곡을 완주한 건 아마 단 한 번뿐이었던 것 같다. 우리 둘 다 다음에 어떤 음이 나올지 자신 있게 안다고 말하기 힘든 상태였다. 이번 무대와 같이 즉흥적이지 않은 공연에서는 예상이 기억을 요하며, 기억이 예상을 실현한다. 미리 생각하고 듣기 위해서는 다음에 뭐가 나올지 알고 있어야 한다. 하지만 나는 음악의 주요 주제조차 또렷이 기억하지 못했고, 보조 선율과 뒤이어 나오는 주제의 해체는 더더욱 익숙하지 않았다. 악보가 있기는 했으나 음표만으로 공연이 완성되는 것은 아니다. 음악성, 호흡과 같이 더 중요한 요소들에 대한 직감도 필요했다. 그나마 점잖게 말하자면 매 순간 우리의 실력이 폭로될 판이었다. 보통 그런 건 사람들이 다 보는 앞에서 겪고 싶지 않은 일이다. 토를 해야 하는지 까무러쳐야 하는지 헷갈렸지만, 이제는 그럴 시간조차 부족했다.

막막한 상태로 무대에 오르기 직전, 인터뷰 때 토머스가 했던 말이 떠올랐다. 토머스는 어릴 때 한창 색소폰을 열심히 연주하던 시절, 극복하기 힘든 수준의 무대공포증에 시달렸다고 했다.

긴장감 때문에 한동안 공연 자체를 피했다. 그러다 탱고 춤을 배우면서 달라졌다. 춤을 출 때 토머스는 이전까지 경험 못한 편안함을 느꼈다. 탱고로 공연을 하거나 대회에 나가서도 마찬가지였다. 토머스는 무대에서 파트너와 친밀함을 나누고 동등한 경험을 함께하고 있다는 사실이 긴장을 풀어주었다고 말한다. 이런 관계는 독주자와 협연 피아니스트, 혹은 오케스트라 단원들 사이에 존재하는 관계와 다르며, 모든 파트가 동등하게 중요하고 동등하게 취약한 실내악에서만 찾아볼 수 있다. 연주자로서 타인과 함께한다는 것은 긴장감에만 매몰되지 않게 집중할 다른 대상이 생긴다는 뜻이다. "할 수 있는 선택은 그들과 함께하는 것이에요. 무슨 일이 일어나든지 나한테는 네가 있고, 너한테는 내가 있다는 마음으로요." 토머스는 당시 이런 생각을 하던 게 기억난다고 했다. "이렇게 나는 음악으로 돌아가는구나. 탱고를 통해서."

나는 마테오를 보았다. "어떻게든 될 거야." 그가 웃으며 말했고, 나 역시 웃어 보였다. 우리는 함께 공연할 무대로 향했다.

밀롱가는 대학 중앙 뜰에 있는 작은 예배당인 홀든 채플에서 열렸다. 토머스는 거기 있던 의자들을 치우고 조명의 조도를 낮춰 예배당의 신도석 자리를 하나의 우아한(급조한) 댄스 플로어 겸 무대로 변신시켰다. 우리는 파티 중간쯤 두 번의 탄다 사이에 막간으로 공연할 예정이었고, 무대에 오르기 전에는 가장자리에서 밀롱가를 잠시 지켜보았다. 수업에서 본 사람들이 여기저기 눈에 띄었는데, 처음 보는 사람들도 껴 있었다. 거의 다른 사람들과만 춤을 추는 중년의 부부 몇 쌍과 서로하고만 춤을 추는 한 젊은 커플이었다. 그 사람들은 대부분 실수 없이 유려하게 춤을 췄다. 그 모습이 꼭 경험이 풍부한 아마추어 선수들의 데이트 같았다. 수업 동료들이 서로하고는 물론 처음 본 사람들과도 편하게 즉흥으로 춤을 추는 모습을 보고 있으니 뿌듯했다.

'항구의 겨울' 연주는 마테오와 내가 준비한 대로 괜찮게 흘러갔다. 음과 프레이징 모두 계획한 대로였다. 재미와 즉흥성을 키워 대담하게 악구를 밀고 당기며 리듬을 살렸더라면 더 좋았겠지만. 그러지 못한 책임은 대부분 나에게 있었다. 나는 다음에 뭐가 올지 떠올리느라, 혹시 그걸 연주해내지 못하면 어쩌나 걱정하느라, 지금 당장 일어나고 있는 일을 생각할 겨를이 없었다. 마테오는 '카페 1930'으로 넘어가기 직전 나에게 용기를 주듯 씩 웃어 보였다. 그냥 활 가는 대로 하면 돼. 첫 곡이 끝나고 박수가 잦아드는 순간 나는 생각했다. 마테오와 함께잖아.

마테오가 첫 마디를 연주했다. 마치 만돌린으로 섬세하게 연주하듯 느리게 호흡하는 화음이 펼쳐졌다. 어찌나 아름답던지 머릿속 생각이 지워지더니 어디선가 마테오의 연주에 대위법을 이루는 바이올린 파트의 소리가 들려오기 시작했다. 누군가 그렇게 심오한 감정에 젖어 연주하고 있으면, 그 사람을 향해 연주하지 않기가, 그의 소리에 화답해 나의 소리를 보내지 않기가 거의 불가능해진다. 나는 음을 기억하거나 다음에 뭐가 올지 생각하기를 관두고, 마테오의 첫 음과 함께 이미 존재하기 시작한 보랏빛 세상에 들어가기 위해 소리를 창조하는 것에 집중하기 시작했다. 둘 다 이러한 기세로 몰입한 상태에서는 무엇도 이 부드럽고 멜랑콜리한 흐름을 방해할 수 없었다. 드디어 바이올린 파트와 피아노의 호흡을 맞추기 까다로웠던 종지에 다다랐다. 연습할 때 특히나 삐거덕거렸던 부분이었다. 나는 정신을 가다듬고 마테오의 연주를 경청하는 동시에 느낌이 가는 대로 연주할 생각이었다. 부디 그와 나의 연결이 끊어지지 않기를 바라며. 그리고 우리는 그렇게 했다. 마치 우리가 편광판을 통과해 내부 편광이 일어난 바로 그 순간 반대편으로 빠져나와 어떠한 의심도 없이 계속 나아가는 듯했다. 나는 마테오와 함께 공연하는 바로 그 순간, 음이 어떻게 연주되어야 하는지를 미리 느낄 수 있었다. 우리는 서로에게 묶여 있었고, 나는 그 얽힘의 상태에서 일종의 자유를 느꼈다. 마음이 가는 대로 뭘 하든지 마테오가 함께였고, 나 역시 그가 뭘 하든 그와 함께였다. 이 자유는 경이로웠고, 전율을 일으켰다. 우리는 우리만의 세상에서 도약하는 두 입자처럼, 음악 속에서 춤을 추고 있었다. 아니, 어쩌면 우리의 얽힘이 곧 음악이었는지도, 동기화된 우리 두 사람의 에너지장이 만들어낸 반향이 곧 음파가 된 건지도 모른다. '카페 1930'은 시간 속에서 저절로 펼쳐졌다. 실바나와 춤추던 순간의 느낌 그대로였다. 다음에 뭐가 나올지 알 필요가 없었다. 중요하지 않았기 때문이다. 무슨 일이 일어나도 괜찮았다. 우리는 자유로웠고, 시간을 창조하고 있었으니까. 우리가 시간 속에 존재한 것이 아니라, 시간이 우리 안에 살아 있었으니까.

시간이 우리 안에 살아 있다는 게 정확히 무슨 뜻인지 생각해본다. 그 기분은 내가 좋은 연주를 할 때마다, 그러니까 단순하게 음정을 잘 맞추는 정도가 아니라 진짜 내가 원하는 대로 연주할 때마다, 심지어 가끔은 그냥 음악을 감상할 때도 찾아오는데, 나는 그걸 떨쳐낼 수가 없다. 그건 참으로 이상한, 아름답지만 으스스한 느낌이다. 시간의 흐름에 올라탈 뿐 아니라 나 자신이 그 흐름이 된다. 그런데 이 느낌의 중심에도, 역시나 시간의 진짜 문제가 놓여 있다. 시간이 정말 그렇게 주관적이라면 우리는 꼼짝없이 각자 시간을 오롯이 혼자 경험할 수밖에 없다는, 무시무시한 가능성 말이다. 하지만 시간이 우리 안에 살아 있기 때문에 우리는 시간을 형성하고, 악구와 종지로, 히로와 오초로 빚어내고, 멈추지는 못할지언정 움직이지 못하게 고정하고, 부수지는 못할지언정 구부릴 수 있다. 그리고 다른 누군가와 공유할 수 있다. 나의 경우에는 다른 누군가의 존재, 이를테면 나와 함께 '카페 1930'을 공연한 마테오, 나와 함께 영원의 십 초 동안 춤을 춘 실바나, 어두운 조명이 깔린 공연장 관객석의 어느 얼굴이, 나만의 시간에 갇힌 자의식에서 나를 끄집어내고, 과거나 미래에 대한 어느 생각으로도 방해받지 않는 소중한 즉흥의 순간으로, 우주를 가로질러 저멀리 도약하게 한다. 상승도 하강도 아니며, 무언가로부터도, 무언가를 향해서도 아닌, 포물선 꼭대기에 너와 내가 서 있는, 그 드높고 합일된 멈춤의 순간에 삶은 가만히 정지해 있다. 당신의 존재가 나를 나로부터 해방시켰기 때문에. 동요하는 마음, 동기화하는 입자들, 춤추는 무용수들, 그 움직임은 정지해 있다. 춤을 출 때 경험하게 되는 찰나의 영원함은 얼마나 지속될지 알 수 없고, 시간 속에 담을 수 없다. 그 순간 친밀한 포옹의 정지 속에서, 마침내 시간은 중요해지지 않으므로.

코다
: 기억은 홀로그램이다

  몇 달 전, 이 책을 쓰다가 문득 전통적인 의미에서 어쩌면 나는 더이상 바이올리니스트가 아닌지도 모른다는 생각이 들었다. 악기 조율마저 손놓은 지 어느덧 이십 일쯤 지나 있었다. 좌절감이나 심술 때문이 아니라 글을 쓰느라 바빠서 그랬다. 그런데 이상하게도 그립지 않았다. 동시에 나는 어느 때보다도 깊이, 그리고 선명하게, 음악을 듣고 느끼고 이해하고 있었다. 어린 시절에 연습했고 지금까지도 가장 아끼는 곡들에 관해 글을 쓰면서, 나는 비로소 내가 그 곡들의 일부가 되었다는, 평생을 찾아 헤맸으나 실제로는 한 번도 얻지 못했던 고마운 소속감을 느꼈다. 샤콘을 배우고 다시 배우는 경험에 관하여 글을 쓰고 난 지금, 나는 적어도 내가 해석하는 샤콘이 어떤 곡인지 알고 있고, 제법 시간이 흘렸지만 과거에 연주했던 〈라 캄파넬라〉나 시벨리우스 곡의 겹옥타브를 어떻게 연주해야 하는지 말할 수 있다. 한마디로 지금의 나는 어느 때보다도 나은 바이올리니스트라고 느낀다. 바이올린을 연주하지 않는 한 말이다.

물론 글쓰기가 완벽한 해법은 아니다. 나는 여전히 죄책감을 느끼며, 바이올린을 품에 안았던, 또 바이올린 품에 안겼던 시절이 그립다. 하지만 지금의 나에게는 글쓰기가 음악가로서 계속 존재하고 성장하는 하나의 방법이다. 음악이 없으면 나에게는 쓸 이야기가, 적어도 말할 가치가 있는 이야기가 하나도 남지 않을 것이다. 특히 음악 속 시간에 관해 글을 쓰는 것은 일평생 몰랐던 과학 연구의 세계로 나를 이끌었다. 글에 신빙성을 더하려면 물리학 메타포와 신체 반응에 관한 연구를 열심히 파고들어야 했다. 음악의 시간성을 좀더 거시적이고 근본적으로 인간의 경험과 연결할 필요가 있었다. 시간, 혹은 시간의 흐름에 대한 우리의 지각은 단순히 인문학으로만, 또는 과학으로만 탐구하기에 너무나도 복잡한 주제다. 두 시각은 서로를 필요로 하며, 필연적으로 서로를 향한다.

물리학의 중심에도 바로 이러한 종합과 통일을 향한 욕망이 있다. 내가 과학을 깊이 아는 것은 아니지만 물리학에 관한 글을 읽고 공부하는 것을 좋아하는 건 그래서다. 물리학자들은 스티븐 호킹과 레너드 플로디노프가 2010년 〈사이언티픽 아메리칸〉

에 실은 논문에서 "현실의 모든 면면을 설명해주는 완전하고 일관적인 기본 자연법칙들"[1]이라고 명명한 '모든 것의 이론A Theory of Everything'을 오랫동안 좇아왔다. 현재로서는 두 개의 주요 이론을 합한 틀이 (과학자들은 TOE라고 줄여 말하는) '모든 것의 이론'에 가장 근접해 있다. 그중 하나는 물질과 에너지가 중력으로 시공간을 구부린다고 말하는 아인슈타인의 일반상대성이론으로, 우주처럼 거대한 영역에 적용된다. 다른 하나는 양자역학으로, 무한히 작은 세계를 다스린다. 양자역학의 표준모형은 중력을 제외한 세 가지 힘*을 다루며, 중력은 방정식에서 아예 배제된다.

이 두 가지 틀은 우리의 세상을 아주 잘 설명해준다. 둘 중 어느 틀을 어느 맥락에 적용하고 적용하지 말아야 할지가 거의 항상 명확하기 때문이다. 거의 그렇다는 건, 우주적인 것이 무한히 작은 것과 충돌하는 공간에서는 예외이기 때문이다. 물리학 전문기자 찰리 우드의 설명대로 "전자電子 또는 그와 같은 부류조차 알아차릴 수밖에 없을 만큼 많은 양의 질량과 에너지가 공간을 꽉 비트는"[2] 블랙홀이 일례다. 중력은 특이점을 생성할 때까지, 즉 어마어마한 양의 질량이 무한히 작은 공간에 압축되어 블랙홀 또는 빅뱅이 발생하는 지점에 이르기까지 아주 강력하게 시공간을 구부러뜨린다. 이 특이점은 너무나도 작아서 양자역학의 영향

---

* 강력, 약력, 전자기력을 말한다.

을 피할 수 없게 되고, 이는 특이점을 생성한 중력과 그걸 다스리는 양자 이론 사이에 필연적인, 그러나 발견되지 않은 어떠한 연관성을 시사한다. 그래서일까, 우리는 어딘가에 발견할 더 많은 것이, 더 높은 것이 있으리라고 직감하며, 우주를 가로질러 공간과 시간, 그리고 경험이 하나가 되는 곳에 도달하고픈 인간적 갈망을 느낀다.

이론가 헤라르뒤스 엇호프트, 레너드 서스킨드, 후안 말다세나의 연구로 1990년대에 등장한 새로운 연구 분야는 두 이론 사이의 분열을 메울 하나의 방법을 제시한다. 이른바 '홀로그램 원리'는 우리가 사는 삼차원 중력의 세계가 본질적으로는 양자 정보의 작은 조각들로 부호화된 홀로그램 이미지라고 말한다. 서스킨드는 1994년 「홀로그램으로서의 세계」라는 획기적인 논문에서 이렇게 말한다. "엇호프트에 따르면, 양자역학과 중력이 결합하기 위해서는 삼차원 세계가 마치 홀로그램 이미지처럼 이차원 투영물에 저장할 수 있는 데이터 이미지여야 한다." 즉, 일반상대성이론과 양자역학의 표준모형에 따르면 중력과 비중력 양자의 힘은 서로 충돌하게 되어 있지만, "모든 삼차원 현상을 표현할 수 있을 만큼 풍부한" 이차원 우주 속에서는 떼어놓을 수 없게 결합한다. 말다세나는 서스킨드와 엇호프트의 연구를 발전시켜 정량화할 수 있는 홀로그램 우주 모형을 만들었다. 과학 전문 기자 내털리 울초버의 설명에 따르면, 이론적으로 구현한 "병 속 우주"의 내부는 중력을 생성하는 시공간으로 채워졌는데, "단단하며 중력이 작용하지 않는 병 표면에 존재하는 양자 입자들의 네트워크로 나타난다."[3] 말다세나가 이론적으로 구현한 병 속 우주가 실제라고 상정해본다면, 우리 눈에 병의 내용물로 보이는 것, 이를테면 우주라는 코카콜라는 병 속 액체인 동시에 병 표면에 투영된 내용물의 이미지로 존재한다. 여기에는 놀라운 마법이 존재한다. 병 속에 찰랑이는 액체가 가진 동적인 중력이 모습을 드러내게 하는 건 순전히 그 표면에 맺히는 이미지, 즉 유리병의 곡선 윤곽을 따라 펼쳐진 홀로그램의 양자역학이라는 것이다.

경계라고는 '무한한 미래'뿐인[4] 우리 세상이 돌아가는 방식을 병 속 우주를 설명하는 수학을 가지고 설명할 수 있느냐는 의문은 물론 유효하다. 그러나 이 이론이 정말 사실이라면, 우리가 감각하는 현실과 진짜 현실 사이에는 당황스러울 정도로 틈이 벌어져 있다고 할 수 있다. 우리가 지각하는 공간의 삼차원성이 알고 보면 그저 깊이와 현실에 대한 환상일 수도 있는 것이다. 결국 우리의 지각은 우주를 하나의 공으로 꽉꽉 압축해 과연 그것이 겉으로 보이는 모습 그대로 존재하는지 그렇지 않은지에 대한 거대한 질문을 향해 그 공을 굴리는 셈이다.

생각해보면 그다지 이상한 발상도 아닌 것 같다. 실제로 우리가 사는 세상은 홀로그램으로 가득하기 때문이다. 음악 또한 홀로그램이다. 악보는 그 안에 완전한 공연의 무수히 많은, 대부분은 미처 쓰이지 않은 상태의 가능성을 담고 있다. 우리가 시간 속에서 경험하는 음악의 소리는 악보 위 오선을 따라 그림처럼 이어지는 음표의 행렬, 포르테를 의미하는 작은 f들, 스타카토를 나타내는 점들, 크레셴도를 가리키는 헤어핀 기호들로 압축되며, 이것들은 소리를 표상하는 상형문자의 외피로 작품의 우주를 묶어낸다. 그런 관점에서 글쓰기, 그리고 우리가 사는 물리적 세계를 나타내는 방정식들 역시 홀로그램이다. 모든 생명 작용을 문자 A, C, G, T의 순열로 부호화하는 DNA도 그렇다. 나아가 모든 언어, 모든 형식의 소통 혹은 표현은 경험의 고차원적 정보를 종이 위 검은 기호들로 서술하는 방식이자 우리가 경험한 시간을 쓰고, 기록하고, 기억하고, 재경험할 수 있게 압축한 것이다.

내가 얼핏 보면 이질적이고 서로 무관해 보이는 주제들을 한데 묶어 책을 쓰게 된 이유도 이것이라고 생각한다. 음악과 과학에 대한 논의는 일종의 홀로그램이자 경험과 정보의 부호화로, 한 세계의 내부에서 시간을 어떻게 이해하는지를 다양하게 비추고, 그렇게 함으로써 다른 세계에서는 시간이 어떻게 흐르는지 실마리를 던진다. 개인적인 의미에서 나에게는 이 책도 나름의 홀로그램이다. 내가 사랑했던, 영원히 나의 것이겠지만 동시에 영영 나의 것이 되지 못할 대상에 대한 모든 기억을 투영하고 있기 때문이다.

〈사이언티픽 아메리칸〉 논문에서 호킹과 플로디노프는 우리가 지각하는 현실이 정말 존재하는지 궁극적으로 알 방법은 없다고 기록했다. 이는 부분적으로 다음과 같은 이유에 기인한다. "양자물리학에 따르면, 미래와 마찬가지로 과거 역시 불확정적이며, 가능성의 스펙트럼으로서만 존재한다. 하나의 우주라 해도 여러 과거와 역사를 지닐 수 있다." 나는 과거를 이해하기 위해 과거에 관한 글을 썼고, 그럼으로써 필연적으로 과거를 다시 쓰게 되었다. 일어난 사실을 바꿨다기보다 그것들이 모여서 서사와 의미를 창조하는 방식을 바꿨다. 이제 나는 음악가가 될 기회를 상실했다거나 스스로 포기했다고 느끼기보다 음악가로 사는 삶이 그 당시 나에게 꼭 필요하고 놀라운 일이었음을, 그러나 결국에는 그 시간에 마침표를 찍어야 했음을 이해한다. 과거의 선택을 돌아보고 기록하는 행위가 어째서인지 그 선택을, 적어도 그것의 영향을 바꿔놓았다. 있는 그대로의 현실을 받아들이고 살아가기 위해서 나 자신에게 이렇게 말하기도 하지만, 한편으로는 정말 이것이 이야기의 유일한 결말 같기도 하다. 이건 내가 내심 글쓰기를 두려워하는 이유이기도 한데, 이렇게 과거를 아무렇지 않게 바꿀 수 있고 그 변화를 현실로 굳힐 수 있는 게 바로 글쓰기이기 때문이다. 그러나 나는 스스로 이렇게도 말해본다. 기억을 통해 서사로 꿰어내는 삶과, 있는 그대로의 삶 모두를 이해하려는 투쟁 안에 틀림없이 삶의 경이로움이 있을 것이라고. 그러면서 우리는 시간의 시작과 끝을 아는 데 좀더 가까워질지도 모른다고.

감사의 말

고마운 마음이 차고 넘쳐 이 장을 쓰는 게 나에게는 무엇보다 힘들다. 지금까지 나를 도와주고 격려해주고, 나에게 영감을 준 분들, 특히 아래 적은 분들에게 감사하다.

위험을 감수하고 나의 원고를 발굴해준 에리카 골드먼에게 감사하다. 나와 이 여정을 꾸준히 함께해준 그에게 큰 빚을 졌다. 이 책의 가능성을 그려볼 수 있게 도와주었고, 나의 대학 학위논문에서 출발한 글을 어떻게 확장할지 꼼꼼하고 예리하면서도 상상력이 넘치는 의견을 더해주었다. 그 너그러운 마음 덕에 감히 과거에는 생각해본 적이 없는 가능성이 열렸다. 아울러 벨뷰 리터러리 프레스에서 에리카 골드먼과 함께 일하는 팀원들, 로라 하트, 몰리 미콜로프스키, 조 개넌에게 원고에 활기를 보태주어 고맙다는 말을 전한다. 내가 주제를 연구하고 글을 집필하고 수정하는 과정에서 자신들의 시간과 전문 지식을 아낌없이 나누어준 아니루드 파텔, 토머스 비시니에프스키, 찰스 림, 로빈 카하트-해리스에게 감사하다.「훈련 지우기」에 실린 말더듬기와 시간에 관한 이야기를 들려준 필드 브라운에게도 고맙다. 덕분에 그 장의 실마리를 풀 수 있었다. 실바나 브리주엘라, 앞서 언급한 토머스 비시니에프스키, 그리고 2018년부터 2019년까지 저녁 일곱시마다 모였던 하버드대 아르헨티나 탱고회 수업 수강생 모두에게 나 같은 초심자를 받아들이고 따뜻하게 반겨주어 고맙다는 말을 전한다. 기꺼이 놀라운 탱고 파트너가 되어주고 그보다 더 멋진 친구가 되어준 마테오 링컨에게도 고맙다. 내가 대학에 다니는 동안, 또 그 이후의 낯선 삶을 헤쳐가고 있는 지금까지, 한없이 나를 격려해주고 지지해준 마크 셸 교수님과 다시 프레이 교수님에게 깊이 감사드린다. 시간과 시詩의 음악에 대하여 비판적으로 생각해볼 수 있게 이끌어준 마이클 앨런, 크리스토퍼 스페이드에게 정말로 고맙다. 두 학기 동안 나를 제자로 받아주었고 래드클리프 연구소에서 나의 첫 강연을 마련해준 헬렌 벤들러 교수님에게도 대단히 감사하다.「훈련 지우기」를 통찰력 있게 다듬어준 크리스티나 톰프슨에게, 그를 비롯해 그 글을 처음 실어준 〈하버드 리뷰〉의 편집부 모두에게 감사를 전한다. 리처드 호프먼 교수님의 친절함과 격려에도 감사하고,「회전하는 세계의 정지점」을 실어준 〈솔스티스 리터러리 매거진〉 사람들에게도 감사하다. 에머슨대에서 호프먼 교수님의 논픽션 워크숍을 함께 들은 학생들은 유용한 의견과 따뜻한 격려를 주었다. 한 명 한 명에게 고마움을 전한다. 그리고 너그러운 편집자의 시선으로 글을 읽어주고, 놀랍고 다정하며 일생에 다시없을 우정을 선물해준 줄리아 드베네딕티스에게 고맙다. 빌라에서 그 너머까지, 너와 이 여정을 함께할 수 있어 얼마나 다행인지.

클래식 음악이든 아니든 간에, 내 인생을 아름다움으로 채워준 음악가들에게서 배울 수 있었던 것은 특권이었다. 특히 오랜 세월 우리 가족에게 변함없는 사랑을 나눠준(그와 더불어 아주 많은 레슨과 실내악 교습, 그리고 맛있는 식사를 준) 배질과 제니퍼 벤드리스에게 감사하다. 이탈리아 아퀴 테르메에서 배질의 학생들과 함께 지내며 샤콘을 다시 배웠던 마법 같은 여름은 잊지 못할 것이다. 클로드 심과 도널드 와일러스타인은 몸과 마음의 연결이 바이올린 연주와 어떠한 관련이 있는지 일깨워주었고, 영글지 못한 기교의 한계로부터 내 음악이 자유로워지는 과정을 참을성 있게 지켜봐주었다. 또 제이크 레번셜, 잭 헤켄도프, 이주현, 아리스토 샴을 비롯해 뮤직 189와 인튠 스트링 앙상블의 모든 단원에게 고맙다. 내 인생에서 가장 행복했던 몇몇 순간은 바로 이들과 함께 연주하던 때였다. 하버드대 음악과 사람들, 특히 하버드대에 내 자리를 만들어준 카예 데니와 찰스 스틸먼, 나를 찾아주고, 보살펴주고, 나의 바이올린 연주와 실내악을 향한 애정을 응원해준 파커 콰르텟의 제시카 보드너, 대니얼 총, 켄 하마오, 김기현에게 감사하다. 그리고 누구보다 잉 쉐, 제임스와 재키 마우리 선생님에게, 나의 스승이 되어주고 계속할 수 있게 용기를 준 것에 감사의 마음을 전한다.

마지막으로, 세 번의 특별한 감사가 더 남았다.

나의 조언자이자 멘토인 마이클 폴란 선생님에게, 그간 보내준 링크와, 공유해준 생각과, 격려의 이메일에 모두 감사드린다. 책의 주제가 때로는 나를 골치 아프게 했지만, 선생님의 통찰력 있고 때로는 유머러스한 비평 덕에 재미있게 책을 쓸 수 있었다. 함께 작업하면서 글쓰기에서나 음악에서나 내가 어디까지 해낼 수 있는지 달리 생각하게 되었다. 진실을 좇으면서 아름다움을 보고 다른 사람들을 위해 그 빛을 비추는 선생님을 만나 내 인생이 바뀌었다. 앞으로도 선생님을 향한 존경과 감사의 마음을 품고 살 것이다.

원고 속 과학에 관한 내용을 꼼꼼하고 참을성 있게, 또 통찰력 있게 다듬어준 니사르가 폴에게 감사를 전한다. 그의 놀라운 도움과 지식, 변함없는 응원 덕분에 경로 적분과 즉흥연주를 연결 지을 수 있었고, 물리학과 그 우아함에 대한 나의 이해가 한층 넓어지고 풍성해졌다.

우리 가족을 지켜주고 돌봐주는, 또 매사에서 은혜를 발견하게 해주는 이모, 삼촌, 게이브리얼, 서배스천, 외할아버지와 외할머니, 할아버지에게 감사하다. 메리 이모, 데이브 삼촌, 선 할머니, 노 씨와 최 씨 식구들에게, 우리가 가족 반쪽을 잃었을 때 우리를 품어주고 감당할 수 없을 만큼 많은 사랑을 나눠주어 감사하다. 엘로이즈, 엘리엇, 에이든에게 사랑한다고, 우리가 여전히 함께하며 웃을 수 있는 사이여서 기쁘다고 말하고 싶다. 너희를 보면서 목적과 즐거움을 잃지 않고 의미 있게 살아가는 법을 많이 배우고 있다. 마지막으로, 엄마에게 감사의 말을 전한다. 날마다 아름다운 것을 발견하게 해주어서, 나의 대화 상대가 되어주고 매번 원고를 꼼꼼하고 통찰력 있게 다듬어주어서, 우리의 여정이 어디로 향하든 우리 가족을 여전히 하나로 묶어주어서, 우리에게 음악을 주어서, 우리를 이렇게나 많이 사랑해주어서 감사하다. 엄마와 함께 있을 때 시간은 정지한다.

옮긴이의 말

 11월이 되면 꼭 챙겨 듣는 플레이리스트가 있다. 쇼팽의 발라드곡으로 시작해 밴드 로로스의 노래로 끝이 나는데, 내 나름의 감정선을 따라 순서를 배치해놔서 듣고 있으면 일상이 한결 멜로드라마 같아지는 효과가 있다. 곡들을 개별로 놓고 보아도 그렇다. 플레이리스트를 만든 지도 이제 한 십 년이 되었으니, 그동안 내가 그 곡들을 들으며 켜켜이 포개놓은 감상이 곡을 재생하는 순간 와르르 쏟아진다. 물론 애초에 그 곡을 플레이리스트에 넣은 이유였던 핵심 기억도 여전히 곡과 함께 흐른다. 지금 생각해보면, 그때 나는 이 책에서 말하듯 음악이 체현하는 "동시적으로 흐르는 동심원" 형태의 시간을 감지했던 것 같다.
 평소 내가 아끼는 음악을 꺼내 들을 때 생각하던 메타포는 테라리엄이다. 병 속에 갇혀 있는 하나의 고유한 세계. 음악이 흘러나오면 과거에 내가 핀셋으로 하나하나 옮겨 담은 병 속 세계가 숨을 쉰다. 『엇박자의 마디』를 작업하면서도 테라리엄을 떠올렸다. 새 장을 읽을 때마다 내털리 호지스가 자신의 과거에서 길어낸 기억을 만났다. 각 장이 자체로 완결성을 갖추고 있어서 매번 기억의 세계에 들어갔다가 나오는 기분이었다.

『엇박자의 마디』는 내털리 호지스가 완성한 송가다. 바이올린 솔리스트의 길을 더는 가지 않기로 한 사람이 바이올린밖에 모르고 살았던 자신의 과거를 보내주는 이야기이자 한국인 어머니와 미국인 아버지 사이에서 나고 자란 아이가 이제 다시는 과거와 같은 형태일 수 없는 가족의 역사와 작별하는 이야기. 그리고 그 이야기의 발단이 되는 곡들이 있다. 〈라 캄파넬라〉, 가브리엘라 몬테로의 즉흥곡들, 〈파르티타 2번 D단조〉 샤콘, 피아졸라의 탱고곡들 등등. 번역 작업을 하면서 자연스레 이 곡들을 반복해 들었다. 문장에 묘사되는 곡의 구간이 흘러나올 때 그 문장에 공명하며 비로소 의미가 환해지는 경험은 황홀했다. 교정 작업을 마치고 이 글을 쓰는 지금, 오랜만에 이 곡들을 들으니 작업에 한창이었던 일 년 전 추억과 함께, 내털리 호지스의 기억이 흐른다. 아마 앞으로도 그러지 않을까? 〈라 캄파넬라〉를 들으면서, 발전과 변주 끝에 주제가 회귀하며 울려퍼지는 "원형의 시간, 구체의 소리"에 섞이려고 처절히 노력하던 그를 떠올리지 않을 수 있을까? 앞으로도 바흐의 샤콘을 들을 때면 "첫 D단조 화음이 엄숙한 침묵을 찢으며, 그러나 동시에 새로운 무언가를 축성하며" 시작된다는 것을, 마지막에 가서는 "여전한 애통함으로, 침묵을 찢는 여덟 개의 주제 마디로, 우렁찬 고함이자 목놓은 통곡으로, 심연에서 지르는 절규로" 끝이 난다는 것을 생각하게 되지 않을까? 어느새 이 곡들도 나의 테라리엄이 되어 있었다. 그 안에는 이 책이 들었다.

한국어로 시간은 시간이고 박자는 박자인데(물론 박자는 음악적 시간을 세는 단위지만), 영어로는 둘 다 time이라고 쓸 수 있다. 그래서 keep time, in time 같은 표현은 시간에 맞추는 것이자 박자에 맞추는 것이 된다. 작업할 때 원고에서 time이라는 단어를 보면 '이건 시간인가, 박자인가, 사실 둘은 같은데……' 생각했던 기억이 난다. 시간과 박자를 엄연히 구분해 쓰는 언어의 사용자로서, 또 박자를 삐끗하는 게 그리 치명적인 문제가 아닌 삶을 살아온 사람으로서, 시간과 박자가 time이라는 단어로 중첩되는 것을 눈으로 보는 경험은 묘했다. 시간을 이야기하기 위해 음악과 양자역학의 언어를 고른 작가의 선택이 어쩌면 너무나 당연하다는 생각도 든다.

『엇박자의 마디』 서두에 나와 있듯이, 작가는 과거를 바꾸기 위해, 정확히는 자신이 실패로 규정한 과거에 새 의미를 부여하기 위해 기록하기를 선택했다. 그런데 읽다보면, 실패가 아니라 사랑의 기록이라는 것을 느낄 수 있다. 작가가 얼마나 바이올린을 사랑하는지, 그와 함께한 시간과 사람들을 사랑하는지, 읽기 시작하면 모를 수 없을 것이다. 그렇게 아름다운 테라리엄이 만들어졌다. 파가니니와 바흐와 탱고 선율이 배경음악으로 흐르는 테라리엄. 이 아름다운 세계를 찬찬히 들여다보아주기를.

                              11월을 기다리는 어느 날에,
                                        송예슬

주

전주곡

1. 스티븐 모건, 「미래의 사건이 과거에 일어난 일을 결정짓는다(Scientists Show Future Events Decide What Happens in the Past)」.

2. 카를로 로벨리, 『시간의 질서(The Order of Time)』, 5. 〔『시간은 흐르지 않는다』, 이중원 옮김, 쌤앤파커스, 2019〕.

훈련 지우기

1. 박자표 중에서 가장 흔한 박자(그래서 '보통 박자common time'라고도 부른다). 사분음표로 박을 세며 마디당 네 개의 박이 들어간다.

2. '론도'의 정의, 『옥스퍼드 영어 사전』.

3. "흔히 리듬은 음악에서 가장 기본적인 요소로 여겨지는데, 요즘은 두뇌 기능의 근본적인 조직 원리로도 여겨지는 추세다." 아니루드 파텔, 존 이베르센, 「음악의 박 지각에 관한 진화 신경과학(The Evolutionary Neuroscience of Musical Beat Perception)」.

4. '리듬'의 정의, 『옥스퍼드 영어 사전』.

5. 파텔, 이베르센, 「음악의 박 지각에 관한 진화 신경과학」.

6. 같은 글.

7. 미치코 요시에 외, 「당신의 시선에 내가 긴장하는 이유(Why I Tense Up When You Watch Me)」.

8. 다만 이 상관관계를 결정적으로 입증하려면 무대공포증과 동조에 본격적으로 초점을 맞춘 연구가 이뤄져야 한다.

9. 파텔, 이베르센, 「음악의 박 지각에 관한 진화 신경과학」.

10. 미치코 요시에 외, 「당신의 시선에 내가 긴장하는 이유」, 2009년 〈Experimental Brain Research〉에 실린 요시에의 논문 「숙련 피아니스트들의 무대공포증(Music Performance Anxiety in Skilled Pianists)」을 언급하는 대목.

11. 패트릭 새비지 외, 「인간 음악의 구조와 기능을 보여주는 통계적 보편성(Statistical universals reveal the structures and function of human music)」.

12. 스티븐 핑커가 1997년 저서 『마음은 어떻게 작동하는가』(김한영 옮김, 동녘사이언스, 2007)에서 설명한 바에 따르면, 음악은 "최소 여섯 가지 정신 능력의 민감한 지점을 간지럽히도록 만들어진 아주 맛좋은 케이크"로 "가혹한 세상에서 진정한 쾌적함의 증가를 억지로 짜내는 수고로움 없이······ 두뇌의 쾌락 회로"를 자극하기에 유용하다. 핑커, 『마음은 어떻게 작동하는가』, 534, 524.

여섯번째 감각: 즉흥연주에 관한 노트

1. 미셸 머서의 2007년 저서 『발자취: 웨인 쇼터의 삶과 음악(Footprints: The Life and Music of Wayne Shorter)』, 140.

2. 에른스트 페란드, 『서양음악의 즉흥연주 구백 년사(Improvisation in Nine Centuries of Western Music)』, 5.

3. 리처드 타루스킨, 『옥스퍼드 서양음악사(The Oxford History of

Western Music)』, xxiii.

4. 로빈 무어, 「서양 예술 음악에서 즉흥연주의 쇠퇴(The Decline of Improvisation in Western Art Music)」, 72.

5. 같은 글, 73.

6. 린제이 조던 라이트, 「즉흥연주 연구(Investigating Improvisation)」, 7쪽에 인용된 브루노 네틀의 말.

7. 로빈 무어, 「서양 예술 음악에서 즉흥연주의 쇠퇴」, 64.

8. 캐런 챈 배럿 외, 「클래식의 창의성: 피아니스트 겸 즉흥연주가 가브리엘라 몬테로를 대상으로 한 자기공명영상(fMRI) 연구(Classical creativity: A functional magnetic resonance imaging (fMRI) investigation of pianist and improviser Gabriela Montero)」, 4.

9. 같은 글, 10.

10. 아우구스티누스, 『고백록』, 10권 17장, 188~189. 〔『고백록』, 박문재 옮김, CH북스, 2016〕.

11. 같은 책, 10권 18장, 189.

12. 같은 책, 185, 12번 주 참고.

13. 리처드 파인먼, 「최소 작용의 원리(The Principle of Least Action)」.

14. 캐런 챈 배럿 외, 「클래식의 창의성」, 11.

대칭 붕괴

1. 크리스틴 카터, 「중국인 엄마 논쟁(Chinese Mothers Controversy)」.

2. 아옐릿 월드먼, 「죄책감과 양가감정, 바쁜 업무에 시달리는 서양 엄마를 변호하며(In Defense of the Guilty, Ambivalent, Preoccupied Western Mom)」.

3. DATA USA, College Tuition Compare, Univstats, College

Simply에서 취합한 데이터.

4. 「오케스트라 분야의 인종/민족 및 젠더 다양성(Racial/Ethnic and Gender Diversity in the Orchestra Field)」, 3.

5. 마리 요시하라, 『다른 나라에서 온 음악가들(Musicians from a Different Shore)』, 4~5.

6. 같은 책, 3~4.

샤콘

1. 음악 사학자 마이클 마컴은 2013년 〈로스앤젤레스 리뷰 오브 북스〉에 실은 글에서 이 전설의 기원을 추적해 1994년 한 논문까지 거슬러올라간다. 논문 저자인 "독일 음악학자 헬가 퇴네는…… 악보 텍스처 이곳저곳에 숨겨진 선율들을 찾아내 [샤콘과 마리아 바르바라의 죽음 사이] 연관성을 입증하고자 했다. 해당 선율들은 모두 애도나 죽음을 주제로 한 합창곡과 이어졌다…… 그러나 헬가가 발견한 주제들은 상승하거나 하강하는 음계의 단편에 불과했다."

2. 트레버 포드는 온라인 포럼 쿼라에 '바흐의 D단조 샤콘(바이올린 파르티타 2번)에 깔린 상징적인 의미가 있나요?'라는 제목으로 작성된 스레드에 이같이 답글을 달았다.

3. 윌리 아펠이 편집을 맡은 『하버드 음악 사전(The Harvard Dictionary of Music)』 (2nd ed., 1969, 142)에 따르면, "샤콘이 16세기에 스페인으로 전해진 거칠고 감각적인 멕시코 춤에서 비롯되었으리라는 주장은 근거가 있다."

4. 훔볼트 주립대 음악학과가 편찬한 『바흐의 샤콘에 관한 말들(Bach's Chaconne: Quotes)』에 실린 예후디 메뉴인의 말.

5. 위와 같은 책에 인용된 조슈아 벨의 말.

6. 마리아 헤겔슨, 「바흐의 기념비적 샤콘 이면의 이야기(The Story Behind Bach's Monumental Chaconne)」에 인용된 요하네스 브람스의 말.

회전하는 세계의 정지점

1. 가르델(1917~1935)은 아르헨티나 탱고 역사상 가장 존경받는 가수이자 작곡가로, 〈포르 우나 카베사〉는 그의 탱고곡 중 아마 가장 유명할 것이다.

2. 로만 V. 부니, 스티븐 D. H. 수, 「모든 것은 얽혀 있다(Everything Is Entangled)」, 233~236.

3. 제니퍼 추, 「오래된 퀘이사의 빛이 확인해준 양자 얽힘(Light from Ancient Quasars Helps Confirm Quantum Entanglement)」.

4. "유럽울새를 연구한 결과, 이 새는 얽힘이라고 하는 놀라운 양자 개념을 활용한 생체 화학 나침판을 몸속에 지니고 있다⋯⋯ 현재 가장 설득력 있는 가설은, 유럽울새 망막에 있는 단백질에서 양자 얽힘이 일어나 지구 자기장의 방향각에 고도로 예민하게 반응하는 전자쌍이 만들어지고, 그로 인해 유럽울새가 어느 방향으로 날아야 하는지를 '눈으로' 볼 수 있다는 것이다." 짐 알-할릴리, 존조 맥패든, 「당신은 양자역학으로 움직인다. 정말로⋯⋯(You're Powered by Quantum Mechanics. No, Really⋯⋯)」

5. "그리하여 아브라함이 그 모든 것을 가져다가 가운데를 쪼개고, 쪼갠 것을 마주해놓았으며⋯⋯ 이윽고 해가 저물기 시작하자 아브라함은 깊은 잠에 빠져들었다. 참으로 무섭고 거대한 어둠이 그에게 임했다⋯⋯ 그리고 해가 다 저물자 짙은 어둠이 깔렸는데, 연기가 피어오르는 화로가 보이고, 타오르는 횃불이 쪼갠 고기 사이를 지나갔다." (「창세기」 15장 10~17절) 알렉산더 폴토랙이 「이스라엘의 시간(The Times of Israel)」에

서 사용한 메타포로, "신이 아브라함(당시에는 아브람)과 영원의 언약을 맺었을 때 그 언약을 상징한 것은 반으로 쪼개진 동물이었다······ [이] 언약으로 [신과 이스라엘은] 영원히 불가분한 일체로 이어진다. 조하르 경전에도 나와 있듯 이스라엘과 율법과 신이 모두 일체다."

6. 아르헨티나 탱고 무용수들은 '화학작용이 있다'라고 말할 때 '테네르 키미카(Tener química)'라고 말한다.

7. T. S. 엘리엇, 「번트 노턴(Burnt Norton)」, II, 22, 18. [『사중주 네 편』, 윤혜준 옮김, 문학과지성사, 2019].

8. 〈탱고의 역사〉 악장은 '사창가 1910' '카페 1930' '나이트클럽 1960' '오늘의 음악회' 순으로 이어진다.

코다: 기억은 홀로그램이다

1. 스티븐 호킹, 레너드 믈로디노프, 「정의하기 어려운 모든 것의 이론 (The Elusive Theory of Everything)」.

2. 찰리 우드, 「양자 중력이란 무엇인가?(What is Quantum Gravity?)」

3. 내털리 울초버, 「우리의 우주는 어떻게 홀로그램으로 모습을 드러내는가(How Our Universe Could Emerge as a Hologram)」.

4. 같은 글.

자료 출처

「저녁산책」, ⓒ 1940, 1968년에 W. H. 오든에 의해 저작권 갱신. W. H. 오든 지음, 에드워드 멘델슨 편집, 『시 선집Collected Poems』에서 발췌. 펭귄 랜덤하우스 LLC.의 임프린트 랜덤하우스의 허가를 받아 사용. 모든 권리 보유.

T. S. 엘리엇, 『사중주 네 편』 중 「번트 노턴」에서 발췌, ⓒ 1936, 호턴 미플린 하코트 출판사, 1964년에 T. S. 엘리엇에 의해 저작권 갱신. 호턴 미플린 하코트 출판사의 허가를 받아 전재. 모든 권리 보유.

T. S. 엘리엇, 『사중주 네 편』 중 「번트 노턴」에서 발췌, ⓒ 1942, 1970년에 에스메 밸러리 엘리엇에 의해 저작권 갱신. 파버 앤드 파버 Ltd.의 허가를 받아 전재. 모든 권리 보유.

참고 문헌

전주곡

Australian National University. "Experiment Confirms Quantum Theory Weirdness." "Science News," *ScienceDaily*, May 27, 2015. www.sciencedaily.com/releases/2015/05/150527103110.htm.

Eliot, T. S. *Collected Poems 1909–1962*. New York: Harcourt, 1963.

―――. *The Confidential Clerk: A Play*. New York: Harcourt, Brace, 1954. Internet Archive. archive.org/stream/confidentialcle00elio/ confidentialcle00elio_djvu.txt.

Ma, Xiao-song, et al. "Experimental Delayed-Choice Entanglement Swapping." *Nature Physics* 8, no. 6 (June 2012): 479~484. www.nature.com.doi:10.1038/nphys2294.

Manning, A. G., et al. "Wheeler's Delayed-Choice Gedanken Experiment with a Single Atom." *Nature Physics*

11, no. 7 (July 2015): 539~542. www.nature.com.doi:10.1038/nphys3343.

"Mind-Altering Quantum Experiment Shows Time Has Never Existed As We Think It Does." *Cosmic Scientist*, March 25, 2016. www.cosmicscientist.com/mind-altering-quantum-experiment-shows-time-has-never-existed-as-we-think-it-does/.

Morgan, Stephen. "Scientists Show Future Events Decide What Happens in the Past." *Digital Journal*, June 3, 2015. www.digitaljournal.com/science/experiment-shows-future-events-decide-what-happens-in-the-past/article/434829.

O'Dowd, Matt. "How the Quantum Eraser Rewrites the Past." YouTube, uploaded by PBS Space Time, August 10, 2016. www.youtube.com/watch?v=8ORLN_KwAgs.

Overbye, Dennis. "Peering Through the Gates of Time." *New York Times*, March 12, 2002. www.nytimes.com/2002/03/12/science/peering-through-the-gates-of-time.html.

Peres, Asher. "Delayed Choice for Entanglement Swapping." *Journal of Modern Optics* 47, no. 2-3, (February 2000): 139~143. arXiv.org.doi:10.1080/09500340008244032.

Rovelli, Carlo. "Perhaps Time Is the Greatest Mystery." In

The Order of Time. New York: Riverhead Books, 2018. [카를로 로벨리, 『시간은 흐르지 않는다』, 이중원 옮김, 쌤앤파커스, 2019].

Schmid, David. "Q and A: Delayed Choice Quantum Eraser—Changing the Past?" Ask the Van, Department of Physics, University of Illinois at Urbana-Champaign, January 12, 2014. van.physics.illinois.edu/qa/listing.php?id=25872.

Stevens, Wallace. "The Plain Sense of Things." In *The Collected Poems of Wallace Stevens*. New York: Knopf, 1954. www.poetryfoundation.org/poems/49420/the-plain-sense-of-things.

Thompson, Avery. "The Logic-Defying Double-Slit Experiment Is Even Weirder Than You Thought." *Popular Mechanics*, August 11, 2016. www.popularmechanics.com/science/a22280/double-slit-experiment-even-weirder/.

Walborn, Stephen P., et al. "Quantum Erasure: In Quantum Mechanics, There Are Two Sides to Every Story, but Only One Can Be Seen at a Time. Experiments Show That 'Erasing' One Allows the Other to Appear." *American Scientist* 91, no. 4 (2003): 336~343. www.jstor.org/stable/27858245.

Weizmann Institute of Science. "Quantum Theory

Demonstrated: Observation Affects Reality." "Science News," *ScienceDaily*, Febuary 27, 1998. www.sciencedaily.com/releases/1998/02/980227055013.htm.

훈련 지우기

Carroll, Joseph. "Steven Pinker's Cheesecake for the Mind." *Philosophy and Literature* 22, no. 2, (January 1998): 478~485. *ResearchGate*. doi:10.1353/phl.1998.0036.

Darwin, Charles. *The Descent of Man and Selection in Relation to Sex*. London: Murray, 1871. www.gutenberg.org/files/2300/2300-h/2300-h.htm.

Eliot, T. S. *Collected Poems 1909–1962*. New York: Harcourt, 1963.

Miller, Geoffrey F. "Evolution of Human Music Through Sexual Selection." In *The Origins of Music*, edited by N. L. Wallin, B. Merker, and S. Brown, 329~360. Cambridge: MIT Press, 2000.

Patel, Aniruddh D. Interview with the author, October 23, 2018.

Patel, Aniruddh D., and John R. Iversen. "The Evolutionary Neuroscience of Musical Beat Perception: The Action Simulation for Auditory Prediction (ASAP) Hypothesis."

Frontiers in Systems Neuroscience 8 (May 2014). PubMed Central. doi:10.3389/fnsys.2014.00057.

Pinker, Steven. "The Meaning of Life." In *How the Mind Works*, Norton, 1997, 521~565. [스티븐 핑커, 『마음은 어떻게 작동하는가』, 김한영 옮김, 동녘사이언스, 2007].

"Rhythm, n." Online Etymology Dictionary, www.oed.com.ezp-prod1.hul.harvard.edu/view/Entry/165403.

"Rondo, n." Online Etymology Dictionary, www.oed.com.ezp-prod1.hul.harvard.edu/view/Entry/167216.

Savage, Patrick E., et al. "Statistical universals reveal the structures and function of human music." *Proceedings of the National Academy of Sciences* 112, no. 29 (June 2015). doi:10.1073/pnas.1414495112.

Wang, Tianyan. "A Hypothesis on the Biological Origins and Social Evolution of Music and Dance." *Frontiers in Neuroscience* 9 (2015). doi:10.3389/fnins.2015.00030.

Yoshie, Michiko, et al. "Music Performance Anxiety in Skilled Pianists: Effects of Social-Evaluative Performance Situation on Subjective, Autonomic, and Electromyographic Reactions." *Experimental Brain Research* 199, no. 2 (November 2009): 117~126. PubMed Central. doi:10.1007/s00221-009-1979-y.

──────. "Why I Tense up When You Watch Me: Inferior Parietal Cortex Mediates an Audience's Influence on Motor Performance." *Scientific Reports* 6 (January 2016): 19305. *Nature*. doi:10.1038/srep19305.

여섯번째 감각: 즉흥연주에 관한 노트

"A Neurosurgeon's Overview [of] the Brain's Anatomy." American Association of Neurological Surgeons. www.aans.org/Patients/Neurosurgical-Conditions-and-Treatments/Anatomy-of-the-Brain.

"A potted history of improvisation." *National Theatre*. www.nationaltheatre.org.uk/blog/potted-history-improvisation.

Andrews-Hanna, Jessica R. "The Brain's Default Network and Its Adaptive Role in Internal Mentation." *Neuroscientist* 18, no. 3 (June 2012): 251~270. PubMed Central. doi: 10.1177/1073858411403316.

"Arrow of time: New understanding of causality, free choice, and why we remember the past but not the future." *ScienceDaily*, July 28, 2015. www.sciencedaily.com/releases/2015/07/150728091946.htm.

Augustine. *Confessions*. Translated by Henry Chadwick.

New York: Oxford University Press, 2009. [아우구스티누스, 『고백록』, 박문재 옮김, CH북스, 2016].

Barrett, Karen Chan, et al. "Classical Creativity: A Functional Magnetic Resonance Imaging (fMRI) Investigation of Pianist and Improviser Gabriela Montero." *NeuroImage* 209 (April 2020): 116496. ScienceDirect. doi:10.1016/j.neuroimage.2019.116496.

Berkowitz, Aaron L., and Daniel Ansari. "Expertise-Related Deactivation of the Right Temporoparietal Junction During Musical Improvisation." *NeuroImage* 49, no. 1(January 2010): 712~719. ScienceDirect.doi:10.1016/j.neuroimage.2009.08.042.

Bubic, Andreja, et al. "Prediction, Cognition and the Brain." *Frontiers in Human Neuroscience* 4 (March 2010): 1~15. PubMed Central.doi:10.3389/fnhum.2010.00025.

Carhart-Harris, Robert Leech, et al. "The Entropic Brain: A Theory of Conscious States Informed by Neuroimaging Research with Psychedelic Drugs." *Frontiers in Human Neuroscience* 8 (2014): 1~22. doi:10.3389/fnhum.2014.00020.

Cheever, Thomas, et al. "NIH/Kennedy Center Workshop on Music and the Brain: Finding Harmony." *Neuron* 97, no. 6 (March 2018): 1214~1218. PubMed Central. doi:10.1016/

j.neuron.2018.02.004.

Dolan, David, et al. "The Improvisational State of Mind: A Multidisciplinary Study of an Improvisatory Approach to Classical Music Repertoire Performance." *Frontiers in Psychology* 9 (2018): 1341. doi:10.3389/fpsyg.2018.01341.

"Don't Do Your Best | Keith Johnstone | TEDxYYC." YouTube, uploaded by TEDx Talks, September 12, 2016. www.youtube.com/watch?v=bz9mo4qW9bc.

Dronkers, N., and J. Ogar. "Brain Areas Involved in Speech Production." *Brain* 127, no. 7 (July 2004): 1461~1462. doi:10.1093/brain/awh233.

Duchen, Jessica. "Gabriela Montero—You don't hear 80 per cent of what goes on in my country." *Independent*, October 22, 2010. www.independent.co.uk/arts-entertainment/classical/features/gabriela-montero-you-dont-hear-80-per-cent-of-what-goes-on-in-my-country-2113051.html.

Feynman, Richard. "The Priciple of Least Action." In *The Feynman Lectures on Physics: New Millennium Edition*, vol. 2, edited by Michael A. Gottlieb and Rudolf Pfeiffer. New York: Basic Books, 2011, ch. 19. www.feynmanlectures.caltech.edu/II_19.html.

Gołosz, Jerzy. "Weak Interactions: Asymmetry of Time

or Asymmetry in Time?" *Journal for General Philosophy of Science* 48, no. 1 (March 2017): 19~33. SpringerLink. doi:10.1007/s10838-016-9342-z.

Gopnik, Alison. "For Innovation, Dodge the Prefrontal Police." *Wall Street Journal*, April 6, 2013. www.wsj.com/articles/SB10001424127887324020504578398820516033706.

Green, Franziska. "In the 'Creative' Zone: An Interview with Dr. Charles Limb." *Brain World*, August 22, 2019. www.brainworldmagazine.com/creative-zone-interview-dr-charles-limb/.

Harte, Erin. "How Your Brain Processes Language." *Brain World*, August 18, 2020. www.brainworldmagazine.com/how-your-brain-processes-language/.

Hawking, Stephen. "The Arrow of Time." In *The Illustrated Brief History of Time*, 2nd ed, Bantam Books, 1996, 182~195. [스티븐 호킹, 『그림으로 보는 시간의 역사』, 김동광 옮김, 까치, 2021].

Hermann, Steffen, and Maria Stodtmeier. "Gabriela Montero-Improvisations, Brahms & Ginastera (Full Performance)." YouTube, uploaded by Nene, June 14, 2017. www.youtube.com/watch?v=fkXG-2LukrE.

"How can Feynman's path integral formulation of

quantum mechanics be explained in layman terms?" www. quora.com/How-can-Feynmans-path-integral-*Quora*, formulation-of-quantum-mechanics-be-explained-in-layman-terms.

"How Does Language Work?" *Philosophy Now*, May–June, 2012. philosophynow.org/issues/90/How_ Does_Language_ Work.

"How the Brain Experiences Time." *Neuroscience News*, August 29, 2018. www.neurosciencenews.com/timeperception-9771/.

Ifeanyi, K. C. "This Is Your Brain on Improvisation—and Why Your Creativity Depends on It." *Fast Company*, October 29, 2019. www.fastcompany.com/90421354/this-is-your-brain-on-improvisation-and-why-your-creativity-depends-on-it.

"improvise (v.)." *Online Etymology Dictionary*, www.etymonline.com/search?q=improvise.

Kaiser, David. "Feynman Diagrams." In *Compendium of Quantum Physics*, edited by Daniel Greenberger et al. New York: Springer, 2009, 235~239. SpringerLink. doi:10.1007/978-3-540-70626-7_72.

Kaufman, Sarah L., et al. "Art in an Instant: The Secrets

of Improvisation." *Washington Post*, June 7, 2018.www. washingtonpost.com/graphics/2018/lifestyle/science-behind-improv-performance/.

King, Alexander S. "Is Hawking channeling Kant in his explanation of how the arrow of time works?" Philosophy Stack Exchange, April 30, 2015. www.philosophy. stackexchange.com/questions/23408/is-hawking-channeling-kant-in-his-explanation-of-how-the-arrow-of-time-works.

Limb, Charles. Email interview with the author, September 19, 2020.

———. "Your brain on improv." TED: Ideas Worth Spreading, November 2010. www.ted.com/talks/ charles_limb_your_brain_on_improv.

Loria, Kevin. "Something Weird Happens to Your Brain When You Start Improvising." Science Alert, May 11, 2016. www.sciencealert.com/something-weird-happens-to-your-brain-when-you-start-improvising.

McPherson, Malinda J., et al. "Emotional Intent Modulates the Neural Substrates of Creativity: An fMRI Study of Emotionally Targeted Improvisation in Jazz Musicians." *Scientific Reports*, 6 (January 2016). PubMed Central.

doi:10.1038/srep18460.

Mercer, Michelle. *Footprints: The Life and Work of Wayne Shorter.* New York: Penguin, 2007.

Miller, Jonah. "Reality Is—The Fenyman Path Integral." The Physics Mill, July 16, 2013. www.thephysicsmill.com/2013/07/16/reality-is-the-feynman-path-integral/.

Montagu, Jeremy. "How Music and Instruments Began: A Brief Overview of the Origin and Entire Development of Music, from Its Earliest Stages." *Frontiers in Sociology* 2 (2017): 1~12. doi:10.3389/ fsoc.2017.00008.

Montero, Gabriela. "What Choice Do I Have? Gabriela Montero Discusses Classical Improvisation, Composition, and Creative Dissent." The 2019-2020 Kim and Judy Davis Dean's Lecture in the Arts, January 27, 2020, Radcliffe Institute for Advanced Study, Harvard University, Cambridge, Massachusetts.

Moore, Robin. "The Decline of Improvisation in Western Art Music: An Interpretation of Change." *International Review of the Aesthetics and Sociology of Music* 23, no. 1 (1992): 61~84. JSTOR.doi:10.2307/836956.

O'Dowd, Matt. "Feynman's Infinite Quantum Paths." YouTube, uploaded by PBS Space Time, July 7, 2017. www.

youtube.com/watch?v=vSFRN-ymfgE.

Pollan, Michael. *How to Change Your Mind: What the New Science of Psychedelics Teaches Us About Consciousness, Dying, Addiction, Depression, and Transcendence*. New York: Penguin, 2018. [마이클 폴란, 『마음을 바꾸는 방법: 금지된 약물이 우울증, 중독을 치료할 수 있을까』, 김지원 옮김, 소우주, 2021].

Schoenemann, P. Thomas. "Brain Evolution Relevant to Language." In *Language, Evolution, and the Brain*, edited by James W. Minett and William S-Y Wang. Kowloon: City University of Hong Kong Press, 2009, 191~223.

Sherman, Carl. "The Neuroscience of Improvisation." Dana Foundation, June 13, 2011. www.dana.org/article/the-neuroscience-of-improvisation/.

Taruskin, Richard. *The Oxford History of Western Music*. Oxford; New York: Oxford University Press, 2005.

Oxford University Press, 2005. "The Arrow of Time." Episode 11 of *Numb3rs*. Cornell Department of Mathematics. www.pi.math.cornell.edu/~numb3rs/luthy3/thearrowoftime.html.

"The Beginning of Time." Stephen Hawking, https://www.hawking.org.uk/in-words/lectures/the-beginning-of-time.

van Kessel, M. T. M. "The Path-Integral Approach to Spontaneous Symmetry Breaking." arXiv: 0810.1412 [hep-ph], January 7, 2009. Cornell University. arxiv.org/abs/0810.1412.

van Wensem, Casey. "4 Secrets from the World's Best Improvisers That Will Make You a Better Musician." *Soundfly*, April 15, 2016. flypaper.soundfly.com/tips/improvising-secrets-worlds-best-improvisers/.

Weiler, Nicholas. "Brain activity patterns underlying fluent speech revealed." *ScienceDaily*, June 1, 2018. www.sciencedaily.com/releases/2018/06/180601134731.htm.

htm. "What Is the Difference Between Principle of Least Time and Principle of Least Action?" www.quora.com/What-is-the-difference-between-Principle-of-Least-Time-and-Principle-Of-Least-Action.

Wise, Brian, and Naomi Lewin. "Why Don't More Classical Musicians Improvise?" *Conducting Business*, WQXR, January 30, 2015. www.wqxr.org/story/time-return-improvisation-its-classical-roots.

Wright, Lindsay Jordan. "Investigating Improvisation: Music Performance and the Disciplinary Divide." Honors thesis, Wesleyan University, 2010. doi:10.14418/wes01.1.55.

대칭 붕괴

"About the Suzuki Method." Suzuki Association of the Americas, 1998. suzukiassociation.org/about/suzuki-method/.

Banarjee, Prashant. "CPT symmetry and CP violation. Why energy and momentum are conserved?" YouTube, uploaded by Beyond Sci Fact, January 23, 2019. www.youtube.com/watch?v=j4oSCLZZ2RY.

Barnett, Michael R., and Helen Quinn. "What Is Antimatter?" *Scientific American*, January 24, 2002. www.scientificamerican.com/article/what-is-antimatter-2002-01-24/.

Callender, Craig. "Thermodynamic Asymmetry in Time." In *The Stanford Encyclopedia of Philosophy*, edited by Edward N. Zalta. Metaphysics Research Lab, Stanford University, Winter 2016. www.plato.stanford.edu/archives/win2016/entriesime-thermo/.

Carroll, Sean. "Time-Reversal Violation Is Not the 'Arrow of Time.'" *Sean Carroll: in truth, only atoms and the void*, November 20, 2012. www.preposterousuniverse.com/blog/2012/11/20/time-reversal-violation-is-not-the-arrow-of-time/.

Carter, Christine. "Chinese Mothers Controversy: Why Amy Chua Is Wrong About Parenting." *HuffPost Life*, January 14, 2011. https://www.huffpost.com/entry/chinese-mothers-superior_b_808344.

"Charge, Parity, and Time Reversal (CPT) Symmetry." In *Guide to the Nuclear Wallchart*, ch. 6. www2.lbl.gov/abc/wallchart/chapters/05/2.html.

Choi, Charles Q. "Did Gravity Save the Universe from 'God Particle' Higgs Boson?" *Space.Com*, January 7, 2015. www.space.com/28181-gravity-higgs-boson-universe-destruction.html.

Chua, Amy. "Why Chinese Mothers Are Superior." *Wall Street Journal*, January 8, 2011. www.wsj.com/ articles/SB10001424052748704111504576059713528698754.

Cooper, Brittney. "Brittney Cooper: How Has Time Been Stolen from People of Color?" *TED Radio Hour*, March 29, 2019. www.npr.org/2019/03/29/707189797/brittney-cooper-how-has-time-been-stolen-from-people-of-color.

"Curtis Institute of Music." *Data USA*, www.datausa.io/profile/university/curtis-institute-of-music.

"Curtis Institute of Music Student Population and Demographics." *College Tuition Compare*, www.college

tuitioncompare.com/edu/211893/curtis-institute-of-music/enrollment/.

"Curtis Institute of Music Student Population and Demographics." *UNIVSTATS*, www.univstats.com/colleges/curtis-institute-of-music/student-population/.

Edelman, Gerald M. *Bright Air, Brilliant Fire: On the Matter of the Mind.* New York: Basic Books, 1992. Internet Archive. archive.org/details/brightairbrillia00gera. [제럴드 M. 에델만, 『신경과학과 마음의 세계』, 황희숙 옮김, 범양사, 2006].

"Galileo's 'falling bodies' experiment re-created at Pisa." *Symmetry Magazine*, October 17, 2009. www.symmetrymagazine.org/breaking/2009/10/17/galileos-falling-bodies-experiment-re-created-at-pisa.

Gnida, Manuel, and Kathryn Jepsen. "Charge-Parity Violation." *Symmetry Magazine*, November 24, 2015. www.symmetrymagazine.org/article/charge-parity-violation.

Gross, David J. "The Role of Symmetry in Fundamental Physics." *Proceedings of the National Academy of Sciences* 93, no. 25 (December 1996): 14256~14259.doi:10.1073/pnas.93.25.14256.

Herrero-Valea, Mario. "Nature cares about the direction time flows: T symmetry breaking measured." *Mapping*

Ignorance, www.mappingignorance.org/2012/12/20/nature-cares-about-in-which-direction-times-flows-t-symmetry-breaking-measured/.

Hupé, Jean-Michel, and Michel Dojat. "A Critical Review of the Neuroimaging Literature on Synesthesia." *Frontiers in Human Neuroscience* 9 (March 2015). PubMed Central. doi:10.3389/fnhum.2015.00103.

Krause, Beth A. T. "How Domestic Violence Affects Child Custody Colorado." *DivorceNet*, www.divorcenet.com/resources/how-domestic-violence-affects-child-custody-colorado.html.

Lees, J. P., et al. (The BABAR Collaboration). "Observation of Time-Reversal Violation in the B0 Meson System." *Physical Review Letters* 109, no. 21 (November 2012): 211801. American Physical Society. doi:10.1103/PhysRevLett.109.211801.

Marchese, David. "Yo-Yo Ma and the Meaning of Life." *New York Times Magazine*, November 20, 2020, 13~15.

Nave, C. R. "CPT Invariance." Hyperphysics, Department of Physics and Astronomy, Georgia State University, 2016. www.hyperphysics.phy-astr.gsu.edu/hbase/Particles/cpt.html.

O'Dowd, Matt, and Graeme Gossel. "Our Antimatter,

Mirrored, Time-Reversed Universe." YouTube, uploaded by PBS Space Time, January 16, 2019. www.youtube.com/watch?v=L2idut9tkeQ&t=633s.

Oreshkov, Ognyan, and Nicolas J. Cerf. "Operational Formulation of Time Reversal in Quantum Theory." *Nature Physics* 11, no. 10 (October 2015): 853~858. www.nature.com. doi:10.1038/nphys3414.

Paarlberg, Michael Ahn. "Can Asians Save Classical Music?" *Slate Magazine*, February 2, 2012. www.slate.com/culture/2012/02/can-asians-save-classical-music.html.

Palmeri, Thomas, Randolph Blake, and Ren Marois. "What Is Synesthesia?" *Scientific American*, September 11, 2006. www.scientificamerican.com/article/what-is-synesthesia/.

Pitts, Trevor. "Dark Matter, Antimatter, and Time-Symmetry." *arXiv*, March 20, 1999. Cornell University. arxiv.org/html/physics/9812021.

Pössel, Markus. "The Sum Over All Possibilities: The Path Integral Formulation of Quantum Theory." *Einstein Online*, www.einstein-online.info/en/spotlight/path_integrals/.

"Racial/Ethnic and Gender Diversity in the Orchestra Field: A report by the American League of Orchestras with research and data analysis by James Doeser, Ph.D.," *League of American Orchestras*, September 2016. www.ppv.issuelab. org/ resources/25840/25840.pdf.

Ramachandran, V. S., and E. M. Hubbard. "Synaesthesia— A Window into Perception, Thought and Language." *Journal of Consciousness Studies* 8, no. 12 (2001): 3~34. web.archive. org/web/20060527085838/http://psy.ucsd.edu/~edhubbard/ papers/JCS.pdf.

Science China Press. "Physicists revealed spontaneous T-symmetry breaking and exceptional points in cavity QED." *Phys.Org*, September 13, 2018. phys.

org/news/2018-09-physicists-revealed-spontaneous-t-symmetry-exceptional.html.

"Student Population at Curtis Institute of Music." *College Tuition Compare*. https://www.collegetuitioncompare.com/ edu/211893/curtis-institute-of-music/enrollment/.

Sutter, Paul. "The Higgs Boson: A Not-So-Godlike Particle." *Space.Com*, May 5, 2017. www.space.com/36724-higgs-boson-not-so-godlike.html.

"symmetry (n.)." *Online Etymology Dictionary*, www. etymonline.com/word/symmetry.

"The Juilliard School Diversity & Student Demographics." *CollegeSimply*, https://www.collegesimply.com/colleges/newyork/the-juilliard-school/students/.

"The Juilliard School Student Population and Demographics." *College Tuition Compare*, www.collegetuitioncompare.com/edu/192110/the-juilliard-school/enrollment/.

"The Juilliard School Student Population and Demographics." *UNIVSTATS*, www.univstats.com/colleges/the-juilliard-school/student-population/.

Université libre de Bruxelles. "Time-symmetric formulation of quantum theory provides new understanding of causality and free choice." *Phys.org*, phys.org/news/2015-07-time-symmetric-quantumtheory-causality-free.html.

Waldman, Ayelet. "In Defense of the Guilty, Ambivalent, Preoccupied Western Mom." *Wall Street Journal*, January 16, 2011. www.wsj.com/articles/SB10001424052748703333504576080422577800488.

Wang, Grace. "Interlopers in the Realm of High Culture: 'Music Moms' and the Performance of Asian and Asian American Identities." *American Quarterly* 61, no. 4 (2009): 881~903.

Weyl, Hermann. *Symmetry*. Princeton, NJ: Princeton University Press, 1980. 〔헤르만 바일, 『대칭』, 권희재 옮김, 은명,

2015].

"What does the term time-translation symmetry mean?" *Reddit*, www.reddit.com/r/askscience/comments/55xhck/what_does_the_term_timetranslation_symmetry_mean/.

Whiteson, Daniel, and Jorge Cham. "This Particle Breaks Time Symmetry." YouTube, uploaded by Veritasium, December 12, 2017. www.youtube.com/watch?v=yArprk0q9eE.

Yoshihara, Mari. *Musicians from a Different Shore: Asians and Asian Americans in Classical Music*. Philadelphia: Temple University Press, 2007.

샤콘

Apel, Willi. "Chaconne and Passacaglia." In *The Harvard Dictionary of Music*. 2nd ed. Cambridge: Harvard University Press, 2003, 141~142.

―――. "Chaconne." *The Harvard Dictionary of Music*. 4th ed. Cambridge: Harvard University Press, 2003, 155~156.

―――. "Rondo." *The Harvard Dictionary of Music*. 4th ed. Cambridge: Harvard University Press, 2003, 741~742.

―――. "Sonata da camera, sonata da chiesa." *The Harvard Dictionary of Music*. 2nd ed. Cambridge: Harvard

University Press, 1969, 1791.

"Bach—Chaconne." *Classic FM*, www.classicfm.com/composers/bach/music/chaconne/.

"Bach's Chaconne: Quotes." *HSU Music*, November 9, 2014. hsumusic.blogspot.com/2014/11/bachs-chaconne-quotes.html.

"Bernard Chazelle—Discovering the Cosmology of Bach." *On Being* podcast with Krista Tippett, November 13, 2014. onbeing.org/programs/bernard-chazelle-discovering-the-cosmology-of-bach/.

Blomster, Wes. "Aspen: Tetzlaff's Bach: Approached with Awe and Affection." *American Record Guide* 64, no. 6 (December 2001): 22–23.

Bragg, Aaron. "Christoph Poppen/The Hilliard Ensemble: *Morimur* (J. S. Bach; Partita in D Minor for Solo Violin BWV 1004; Chorales); ECM New Series." *The Local Planet Weekly* (Spokane, WA), January 24, 2002.

David, Hans T., and Christoph Wolff. *The New Bach Reader: A Life of Johann Sebastian Bach in Letters and Documents.* New York: W. W. Norton, 1999.

Edwards, Robert. "Maria Barbara Bach— Short Biography." *Bach Cantatas Website*, 2007. www.bachcantatas.

com/Lib/Bach-Maria-Barbara.htm.

Eiche, Jon. F., ed. *The Bach Chaconne for Solo Violin: A Collection of Views*. Urbana, IL: American String Teachers Association, 1985.

Eliot, T. S. *Collected Poems 1909–1962*. New York: Harcourt, 1963.

Ford, Trevor. "Is there an underlying symbolic meaning in Bach's D minor Chaconne (violin partita no. 2), if so what?" Quora online forum, June 12, 2016. www.quora.com/Is-there-an-underlying-symbolic-meaning-in-Bachs-D-minor-Chaconne-violin-partita-no-2-if-so-what.

Forkel, Johann Nikolaus. *Johann Sebastian Bach: His Life, Art and Work*. Translated by Charles Sanford Terry. New York: Harcourt, Brace and Howe, 1920. www.gutenberg.org/files/35041/35041-h/35041-h.html. 〔요한 니콜라우스 포르켈, 『바흐의 생애와 예술 그리고 작품』, 강해근 옮김, 한양대학교출판부, 2020〕.

Helgeson, Mariah. "The Story Behind Bach's Monumental Chaconne." The On Being Project, November 26, 2014. onbeing.org/blog/the-story-behind-bachs-monumental-chaconne/.

Leaver, Robin A. *The Routledge Research Companion to*

Johann Sebastian Bach. New York: Routledge, 2016.

Macdonald, Kyle. "Yo-Yo Ma: 'We Live in a Time That Feels Fractured, and Bach Is a Unifying Factor.'" *Classic FM*, September 14, 2018. www.classicfm.com/artists/yo-yo-ma/bach-cello-suites-video/.

Markham, Michael. "The New Mythologies: Deep Bach, Saint Mahler, and the Death Chaconne." *Los Angeles Review of Books*, October 26, 2013. lareviewofbooks.org/article/the-new-mythologies-deep-bach-saint-mahler-and-the-death-chaconne/.

"One Musician Says Bach's Music Has a Special Place in Easter." Daniel Zwerdling interview with Paul Gailbraith. *All Things Considered*, March 27, 2016. www.npr.org/2016/03/27/472067235/one-musician-says-bachs-music-has-a-special-place-in-easter.

Predota, Georg. "Musical Ventriloquism—'Chaconne.'" *Interlude*, March 25, 2013. www.interlude.hk/front/ musical-ventriloquismchaconne/.

Smith, Timothy. "Arnstadt (1703–1707)." In *The Canons and Fugues of J. S. Bach*. Flagstaff, Northern Arizona University, 1996. jan.ucc.nau.edu/tas3/arnstadt.html.

———. "Glossary." In *The Canons and Fugues of J. S. Bach*.

Flagstaff, Northern Arizona University, 1996. jan.ucc.nau. edu/tas3/glossary.html.

Wight, Colin. "Johann Sebastian Bach (1685–1750)." *British Library*, www.bl.uk/onlinegallery/onlineex/musicmanu/bach/.

회전하는 세계의 정지점

Al-Khalili, Jim, and Johnjoe McFadden. "You're Powered by Quantum Mechanics. No, Really……" *The Guardian*, www.theguardian.com/science/2014/oct/26/youre-powered-by-quantum-mechanics-biology.

"Answering Einstein Decades Later: Quantum Entanglement Is Real." *Science in the News*, November 3, 2015. Graduate School of Arts and Sciences, Harvard University. sitn.hms.harvard.edu/flash/2015/answering-einstein-decades-later/.

Bell, John Stewart. "Bertlmann's Socks and the Nature of Reality: Invited Address to Meeting of Philosophers and Physicists." CERN. Fondation Hugot du Collège de France, Paris, France, June 17, 1980. cds.cern.ch/record/142461/files/198009299.pdf.

Bennett, Jay. "The Experiment That Blew Open Quantum

Mechanics, Explained." *Popular Mechanics*, July 28, 2016. www.popularmechanics.com/science/a22094/video-explainer-double-slit-experiment/.

Bhatia, Aatish. "The Experiment That Forever Changed How We Think About Reality." *Wired*, January 14, 2014. www.wired.com/2014/01/bells-theorem/.

Brown, Stephen, and Susan Brown. "A Guide to Tango Terminology." Tango Argentino de Tejas, 2000–2014. www.tejastango.com/terminology.html.

Buniy, Roman V., and Stephen D. H. Hsu. "Everything Is Entangled." *Physics Letters B* 7 18, no. 2 (December 2012): 233–236. ScienceDirect. doi:10.1016/j. physletb.2012.09.047.

Carroll, Larry E. "Lesson Five." *Argentine Tango Dancing*, 1997. www.pks.mpg.de/~cug14573/tango/manual/basics_5.html.

"Coincidence." *Online Etymology Dictionary*, www.etymonline.com/word/coincidence.

Cole, K. C. "Wormholes Untangle a Black Hole Paradox." *Quanta Magazine*, April 24, 2015. www.quantamagazine.org/wormhole-entanglement-and-the-firewall-paradox-20150424.

Cooley, Peter. "On Samuel Taylor Coleridge's Biographica

Literaria." *Poetry Society of America*, www.poetrysociety.org/psa/poetry/crossroads/old_school/peter_cooley/.

Chu, Jennifer. "Light from Ancient Quasars Helps Confirm Quantum Entanglement." MIT News, August 19, 2018. news.mit.edu/2018/light-ancient-quasars-helps-confirm-quantum-entanglement-0820.

"Delft Scientists Make First 'on Demand' Entanglement Link." TU Delft, June 13, 2018. www.tudelft.nl/en/2018/tu-delft/delft-scientists-make-first-on-demand-entanglement-link/.

"Dr Quantum—Double Slit Experiment." YouTube, uploaded by Brad Cameron, September 13, 2006. www.youtube.com/watch?v=DfPeprQ7oGc.

Eliot, T. S. *Collected Poems 1909–1962*. New York: Harcourt, 1963. [T. S. 엘리엇, 『사중주 네 편: T. S. 엘리엇의 장시와 한 편의 희곡』, 윤혜준 옮김, 문학과지성사, 2019].

Freedman, Stuart J., and John F. Clauser. "Experimental Test of Local Hidden-Variable Theories." *Physical Review Letters* 28, no. 14 (April 1972): 938~941. doi:10.1103/PhysRevLett.28.938.

Hameroff, Stuart, and Roger Penrose. "Consciousness in the Universe: A Review of the 'Orch OR' Theory." *Physics of Life Reviews* 11, no. 1 (March 2014): 39~78. ScienceDirect. doi:10.1016/j.plrev.2013.08.002.

Joyce, James. *The Dead* [excerpt]. Academy of American Poets. poets.org/poetsorg/poem/dead-excerpt. [제임스 조이스, 『더블린 사람들』, 진선주 옮김, 문학동네, 2010].

"Juan d'Arienzo." *Tangology 101*, October 2, 2010. www.tangology101.com/main.cfm/title/Juan-d'Arienzo/id/62.

Kaiser, David. "How the Hippies Saved Physics: Science, Counterculture, and the Quantum Revival [excerpt]." *Scientific American*, January 30, 2012. www.scientificamerican.com/article/how-the-hippies-saved-physics-science-counterculture-andquantum-revival-excerpt/.

―――. "Is Quantum Entanglement Real?" *New York Times*, December 21, 2017. www.nytimes.com/2014/11/16/opinion/sunday/is-quantum-entanglement-real.html.

Kaku, Michio. "4 Things That Currently Break the Speed of Light Barrier." Big Think, November 9, 2010. bigthink.com/dr-kakus-universe/what-travels-faster-than-the-speed-of-light.

Khutoryansky, Eugene. "Quantum Entanglement, Bell Inequality, EPR paradox." Physics Videos by Eugene

Khutoryansky, YouTube, November 7, 2015. www.youtube.com/watch?v=v657Ylwh-_k.

Lenson, David. "The High Imagination." Delivered as the Hess Lecture at the University of Virginia, April 29, 1999, Charlottesville, VA.

Maldacena, Juan, and Leonard Susskind. "Cool Horizons for Entangled Black Holes." *Fortschritte Der Physik* 61, no. 9 (September 2013): 781~811. *arXiv*, July 11, 2013. arxiv.org/abs/1306.0533.

Poltorak, Alexander I. "Covenant Between the Parts as a Metaphor for Quantum Entanglement." *The Times of Israel*, October 18, 2018. blogs.timesofisrael.com/covenant-between-the-parts-as-a-metaphor-for-quantum-entanglement/.

"Professor David Lenson on Life and Teaching." *Massachusetts Daily Collegian*, November 9, 2010. dailycollegian.com/2010/11/professor-david-lenson-on-life-and-teaching/.

"Quantum Entanglement." *ScienceDaily*, www.sciencedaily.com/terms/quantum_entanglement.htm.

"Quantum Entanglement Lab—by Scientific American." Featuring John Matson, George Musser, and Enrique Galvez.

Scientific American, March 20, 2013. www.youtube.com/watch?v=Z34ugMy1QaA.

"Quantum Mechanics—Are Entangled Photon Particles Really Entangled?" *Physics Stack Exchange*, physics.stackexchange.com/questions/338621/are-entangled-photon-particles-really-entangled.

Robinson, Johnny. "The Heart of Tango." YouTube, performance by Colette Hebert and Richard Council, January 6, 2014. www.youtube.com/watch?v=UqC5ZqRAQuQ&t=8s.

Rovelli, Carlo. *The Order of Time*. New York: Riverhead Books, 2018. [카를로 로벨리, 『시간은 흐르지 않는다』, 이중원 옮김, 쌤앤파커스, 2019].

Sorrentino, Fernando. "Apostilles on the 'sad thought that is danced.'" *Letralia, Tierra de Letras*, June 11, 2017. https://letralia.com/articulosy-reportajes/2017/06/11/apostillas-sobre-el-pensamiento-triste-que-se-baila/&prev=search.

Tate, Karl, et al. "How Quantum Entanglement Works (Infographic)." Live Science, April 8, 2013. www.livescience.com/28550-how-quantum-entanglement-works-infographic.html.

Wisniewski, Thomas. Interview with the author, December 12, 2018.

Woolf, Virginia. *To the Lighthouse*. New York: Harcourt, 1927. 〔버지니아 울프, 『등대로』, 이미애 옮김, 민음사, 2014〕.

Yeats, William Butler. "Among School Children." *The Collected Poems of W. B. Yeats*. New York: Macmillan, 1989. www.poetryfoundation.org/poems/43293/among-school-children. 〔윌리엄 버틀러 예이츠, 『예이츠 시선』, 허현숙 옮김, 지만지, 2011〕.

「코다: 기억은 홀로그램이다」

Bekenstein, Jacob D. "Information in the Holographic Universe." *Scientific American*, April 1, 2007. doi:10.1038/scientificamerican0407-66sp.

―――. "Black Holes and Entropy." *Physical Review D* 7, no. 8, (April 15, 1973): 2333~2346. dec1.sinp.msu.ru/~panov/Lib/Papers/GR/Bekenstein1973Entropy.pdf.

"Black Holes." *NASA Science*. science.nasa.gov/astrophysics/focus-areas/black-holes.

Goodman, Lawrence. "The universe is a hologram and other mind-blowing theories in theoretical physics." phys.org, March 6, 2018. phys.org/news/2018-03-universe-hologram-mind-blowing-theories-theoretical.html.

Hawking, Stephen, and Leonard Mlodinow. "The Elusive

Theory of Everything." *Scientific American*, October 1, 2010. www.scientificamerican.com/article/the-elusive-thoery-of-everything/.

Hooft, Gerard 't. "Dimensional Reduction in Quantum Gravity."*arXiv*, March 20, 2009. Cornell University. arxiv.org/abs/gr-qc/9310026.

⸺. "The Holographic Principle." *arXiv*, May 16, 2000. Cornell University. arxiv.org/abs/hepth/0003004.

Maldacena, Juan M. "The Large N Limit of Superconformal Field Theories and Supergravity." *arXiv*, January 22, 1998. Cornell University. arxiv.org/abs/hep-th/9711200.

O'Dowd, Matt. "The Holographic Universe Explained." YouTube, uploaded by PBS Space Time, April 10, 2019. www.youtube.com/watch?v=klpDHn8viX8.

Stromberg, Joseph. "Some Physicists Believe We're Living in a Giant Hologram—and It's Not That Far-Fetched." Vox, June 29, 2015. www.vox.com/2015/6/29/8847863/holographic-principle-universe-theory-physics.

Susskind, L. "The World as a Hologram." *arXiv*, September 28, 1994. Cornell University. arxiv.org/abs/hep-th/9409089.

Timmer, John. "How a Holographic Universe Emerged from Fight With Stephen Hawking." *Wired*, August 1, 2011.

www.wired.com/2011/08/hawkingholographic-universe/.

Trosper, Jaime. "The Holographic Universe Principle." *Futurism*, December 12, 2013. futurism.com/theholographc-universe-principle-what-is-what-should-never-be.

Wolchover, Natalie. "How Our Universe Could Emerge as a Hologram." *Quanta Magazine*, February 21, 2019. www.quantamagazine.org/how-our-universe-could-emerge-as-a-hologram-20190221.

Wood, Charlie. "What is Quantum Gravity?" Space.com, August 27, 2019. www.space.com/quantumgravity.html.

옮긴이 송예슬
대학에서 영문학과 국제정치학을 공부했고, 대학원에서 비교문학을 전공했다. 바른번역 소속 번역가로 활동하며 의미 있는 책들을 우리말로 옮기고 있다. 옮긴 책으로 『궤도』 『최적화라는 환상』 『매니악』 『친구와 연인, 그리고 무시무시한 그것』 『언캐니 밸리』 등이 있다.

엇박자의 마디

초판 인쇄 2025년 10월 20일 | 초판 발행 2025년 10월 31일

지은이 내털리 호지스 | 옮긴이 송예슬
책임편집 허유민 | 편집 송원경 김혜정
디자인 윤종윤 유현아 | 저작권 박지영 형소진 주은수 오서영 조경은
마케팅 정민호 서지화 한민아 이민경 왕지경 정유진 정경주 김혜원 김예진 이서진
브랜딩 함유지 박민재 이송이 박다솔 조다현 김하연 이준희
제작 강신은 김동욱 이순호 | 제작처 영신사

펴낸곳 (주)문학동네 | 펴낸이 김소영
출판등록 1993년 10월 22일 제2003-000045호
주소 10881 경기도 파주시 회동길 210
전자우편 editor@munhak.com | 대표전화 031)955-8888 | 팩스 031)955-8855
문학동네카페 http://cafe.naver.com/mhdn
인스타그램 @munhakdongne | 트위터 @munhakdongne
북클럽문학동네 http://bookclubmunhak.com

ISBN 979-11-416-0253-6 03840

잘못된 책은 구입하신 서점에서 교환해드립니다.
기타 교환 문의 031)955-2661, 3580

www.munhak.com